ITALIANO
VOCABULÁRIO

PORTUGUÊS BRASILEIRO

PORTUGUÊS
ITALIANO

Para alargar o seu léxico e apurar
as suas competências linguísticas

7000 palavras

Vocabulário Português Brasileiro-Italiano - 7000 palavras

Por Andrey Taranov

Os vocabulários da T&P Books destinam-se a ajudar a aprender, a memorizar, e a rever palavras estrangeiras. O dicionário é dividido em temas, cobrindo todas as principais esferas de atividades quotidianas, negócios, ciência, cultura, etc.

O processo de aprendizagem, utilizando os dicionários baseados em temáticas da T&P Books dá-lhe as seguintes vantagens:

- Informação de origem corretamente agrupada predetermina o sucesso em fases subsequentes da memorização de palavras
- Disponibilização de palavras derivadas da mesma raiz, o que permite a memorização de unidades de texto (em vez de palavras separadas)
- Pequenas unidades de palavras facilitam o processo de estabelecimento de vínculos associativos necessários para a consolidação do vocabulário
- O nível de conhecimento da língua pode ser estimado pelo número de palavras aprendidas

T&P Books Publishing
www.tpbooks.com

ISBN: 978-1-78767-328-1

Este livro também está disponível em formato E-book.
Por favor visite www.tpbooks.com ou as principais livrarias on-line.

VOCABULÁRIO ITALIANO
palavras mais úteis

Os vocabulários da T&P Books destinam-se a ajudar a aprender, a memorizar, e a rever palavras estrangeiras. O vocabulário contém mais de 7000 palavras de uso comum organizadas tematicamente.

O vocabulário contém as palavras mais comummente usadas

Recomendado como adicional para qualquer curso de línguas

Satisfaz as necessidades dos iniciados e dos alunos avançados de línguas estrangeiras

Conveniente para o uso diário, sessões de revisão e atividades de auto-teste

Permite avaliar o seu vocabulário

Características especias do vocabulário

- As palavras estão organizadas de acordo com o seu significado, e não por ordem alfabética
- As palavras são apresentadas em três colunas para facilitar os processos de revisão e auto-teste
- As palavras compostas são divididas em pequenos blocos para facilitar o processo de aprendizagem
- O vocabulário oferece uma transcrição simples e adequada de cada palavra estrangeira

O vocabulário contém 198 tópicos incluindo:

Conceitos básicos, Números, Cores, Meses, Estações do ano, Unidades de medida, Roupas & Acessórios, Alimentos & Nutrição, Restaurante, Membros da Família, Parentes, Caráter, Sentimentos, Emoções, Doenças, Cidade, Passeios, Compras, Dinheiro, Casa, Lar, Escritório, Trabalho no Escritório, Importação & Exportação, Marketing, Pesquisa de Emprego, Esportes, Educação, Computador, Internet, Ferramentas, Natureza, Países, Nacionalidades e muito mais ...

TABELA DE CONTEÚDOS

GUIA DE PRONUNCIAÇÃO

Alfabeto fonético T&P	Exemplo Italiano	Exemplo Português
[a]	casco ['kasko]	chamar
[e]	sfera ['sfera]	metal
[i]	filo ['filo]	sinônimo
[o]	dolce ['doltʃe]	lobo
[u]	siluro [si'luro]	bonita
[y]	würstel ['vyrstel]	questionar
[b]	busta ['busta]	barril
[d]	andare [an'dare]	dentista
[dz]	zinco ['dzinko]	pizza
[dʒ]	Norvegia [nor'vedʒa]	adjetivo
[ʒ]	garage [ga'raʒ]	talvez
[f]	ferrovia [ferro'via]	safári
[g]	ago ['ago]	gosto
[k]	cocktail ['koktejl]	aquilo
[j]	piazza ['pjattsa]	Vietnã
[l]	olive [o'live]	libra
[ʎ]	figlio ['fiʎʎo]	barulho
[m]	mosaico [mo'zaiko]	magnólia
[n]	treno ['treno]	natureza
[ŋ]	granchio ['graŋkio]	alcançar
[ɲ]	magnete [ma'ɲete]	ninhada
[p]	pallone [pal'lone]	presente
[r]	futuro [fu'turo]	riscar
[s]	triste ['triste]	sanita
[ʃ]	piscina [pi'ʃina]	mês
[t]	estintore [estin'tore]	tulipa
[ts]	spezie ['spetsie]	tsé-tsé
[tʃ]	lancia ['lantʃa]	Tchau!
[v]	volo ['volo]	fava
[w]	whisky ['wiski]	página web
[z]	deserto [de'zerto]	sésamo

ABREVIATURAS
usadas no vocabulário

Abreviaturas do Português

adj	-	adjetivo
adv	-	advérbio
anim.	-	animado
conj.	-	conjunção
desp.	-	esporte
etc.	-	Etcetera
ex.	-	por exemplo
f	-	nome feminino
f pl	-	feminino plural
fem.	-	feminino
inanim.	-	inanimado
m	-	nome masculino
m pl	-	masculino plural
m, f	-	masculino, feminino
masc.	-	masculino
mat.	-	matemática
mil.	-	militar
pl	-	plural
prep.	-	preposição
pron.	-	pronome
sb.	-	sobre
sing.	-	singular
v aux	-	verbo auxiliar
vi	-	verbo intransitivo
vi, vt	-	verbo intransitivo, transitivo
vr	-	verbo reflexivo
vt	-	verbo transitivo

Abreviaturas do Italiano

agg	-	adjetivo
f	-	nome feminino
f pl	-	feminino plural
m	-	nome masculino
m pl	-	masculino plural
m, f	-	masculino, feminino
pl	-	plural
v aus	-	verbo auxiliar

vi	-	verbo intransitivo
vi, vt	-	verbo intransitivo, transitivo
vr	-	verbo reflexivo
vt	-	verbo transitivo

CONCEITOS BÁSICOS

Conceitos básicos. Parte 1

1. Pronomes

eu	io	['io]
você	tu	['tu]
ele	lui	['luj]
ela	lei	['lej]
nós	noi	['noj]
vocês	voi	['voi]
eles, elas	loro, essi	['loro], ['essi]

2. Cumprimentos. Saudações. Despedidas

Oi!	Buongiorno!	[buon'dʒorno]
Olá!	Salve!	['salve]
Bom dia!	Buongiorno!	[buon'dʒorno]
Boa tarde!	Buon pomeriggio!	[bu'on pome'ridʒo]
Boa noite!	Buonasera!	[buona'sera]
cumprimentar (vt)	salutare (vt)	[salu'tare]
Oi!	Ciao! Salve!	['tʃao], ['salve]
saudação (f)	saluto (m)	[sa'luto]
saudar (vt)	salutare (vt)	[salu'tare]
Tudo bem?	Come va?	['kome 'va]
E aí, novidades?	Che c'è di nuovo?	[ke tʃe di nu'ovo]
Tchau! Até logo!	Arrivederci!	[arrive'dertʃi]
Até breve!	A presto!	[a 'presto]
Adeus!	Addio!	[ad'dio]
despedir-se (dizer adeus)	congedarsi (vr)	[kondʒe'darsi]
Até mais!	Ciao!	['tʃao]
Obrigado! -a!	Grazie!	['gratsie]
Muito obrigado! -a!	Grazie mille!	['gratsie 'mille]
De nada	Prego	['prego]
Não tem de quê	Non c'è di che!	[non tʃe di 'ke]
Não foi nada!	Di niente	[di 'njente]
Desculpa!	Scusa!	['skuza]
Desculpe!	Scusi!	['skuzi]
desculpar (vt)	scusare (vt)	[sku'zare]
desculpar-se (vr)	scusarsi (vr)	[sku'zarsi]

Me desculpe	Chiedo scusa	['kjedo 'skuza]
Desculpe!	Mi perdoni!	[mi per'doni]
perdoar (vt)	perdonare (vt)	[perdo'nare]
Não faz mal	Non fa niente	[non fa 'njente]
por favor	per favore	[per fa'vore]

Não se esqueça!	Non dimentichi!	[non di'mentiki]
Com certeza!	Certamente!	[tʃerta'mente]
Claro que não!	Certamente no!	[tʃerta'mente no]
Está bem! De acordo!	D'accordo!	[dak'kordo]
Chega!	Basta!	['basta]

3. Números cardinais. Parte 1

zero	zero (m)	['dzero]
um	uno	['uno]
dois	due	['due]
três	tre	['tre]
quatro	quattro	['kwattro]

cinco	cinque	['tʃinkwe]
seis	sei	['sej]
sete	sette	['sette]
oito	otto	['otto]
nove	nove	['nove]

dez	dieci	['djetʃi]
onze	undici	['unditʃi]
doze	dodici	['doditʃi]
treze	tredici	['treditʃi]
catorze	quattordici	[kwat'torditʃi]

quinze	quindici	['kwinditʃi]
dezesseis	sedici	['seditʃi]
dezessete	diciassette	[ditʃas'sette]
dezoito	diciotto	[di'tʃotto]
dezenove	diciannove	[ditʃan'nove]

vinte	venti	['venti]
vinte e um	ventuno	[ven'tuno]
vinte e dois	ventidue	['venti 'due]
vinte e três	ventitre	['venti 'tre]

trinta	trenta	['trenta]
trinta e um	trentuno	[tren'tuno]
trinta e dois	trentadue	[trenta 'due]
trinta e três	trentatre	[trenta 'tre]

quarenta	quaranta	[kwa'ranta]
quarenta e um	quarantuno	[kwa'rant'uno]
quarenta e dois	quarantadue	[kwa'ranta 'due]
quarenta e três	quarantatre	[kwa'ranta 'tre]
cinquenta	cinquanta	[tʃin'kwanta]
cinquenta e um	cinquantuno	[tʃin'kwant'uno]

cinquenta e dois	**cinquantadue**	[ʧin'kwanta 'due]
cinquenta e três	**cinquantatre**	[ʧin'kwanta 'tre]
sessenta	**sessanta**	[ses'santa]
sessenta e um	**sessantuno**	[sessan'tuno]
sessenta e dois	**sessantadue**	[ses'santa 'due]
sessenta e três	**sessantatre**	[ses'santa 'tre]
setenta	**settanta**	[set'tanta]
setenta e um	**settantuno**	[settan'tuno]
setenta e dois	**settantadue**	[set'tanta 'due]
setenta e três	**settantatre**	[set'tanta 'tre]
oitenta	**ottanta**	[ot'tanta]
oitenta e um	**ottantuno**	[ottan'tuno]
oitenta e dois	**ottantadue**	[ot'tanta 'due]
oitenta e três	**ottantatre**	[ot'tanta 'tre]
noventa	**novanta**	[no'vanta]
noventa e um	**novantuno**	[novan'tuno]
noventa e dois	**novantadue**	[no'vanta 'due]
noventa e três	**novantatre**	[no'vanta 'tre]

4. Números cardinais. Parte 2

cem	**cento**	['ʧento]
duzentos	**duecento**	[due'ʧento]
trezentos	**trecento**	[tre'ʧento]
quatrocentos	**quattrocento**	[kwattro'ʧento]
quinhentos	**cinquecento**	[ʧinkwe'ʧento]
seiscentos	**seicento**	[sej'ʧento]
setecentos	**settecento**	[sette'ʧento]
oitocentos	**ottocento**	[otto'ʧento]
novecentos	**novecento**	[nove'ʧento]
mil	**mille**	['mille]
dois mil	**duemila**	[due'mila]
três mil	**tremila**	[tre'mila]
dez mil	**diecimila**	['djeʧi 'mila]
cem mil	**centomila**	[ʧento'mila]
um milhão	**milione** (m)	[mi'ljone]
um bilhão	**miliardo** (m)	[mi'ljardo]

5. Números. Frações

fração (f)	**frazione** (f)	[fra'tsjone]
um meio	**un mezzo**	[un 'meddzo]
um terço	**un terzo**	[un 'tertso]
um quarto	**un quarto**	[un 'kwarto]
um oitavo	**un ottavo**	[un ot'tavo]
um décimo	**un decimo**	[un 'deʧimo]

dois terços	**due terzi**	['due 'tertsi]
três quartos	**tre quarti**	[tre 'kwarti]

6. Números. Operações básicas

subtração (f)	**sottrazione** (f)	[sottra'tsjone]
subtrair (vi, vt)	**sottrarre** (vt)	[sot'trarre]
divisão (f)	**divisione** (f)	[divi'zjone]
dividir (vt)	**dividere** (vt)	[di'videre]
adição (f)	**addizione** (f)	[addi'tsjone]
somar (vt)	**addizionare** (vt)	[additsjo'nare]
adicionar (vt)	**addizionare** (vt)	[additsjo'nare]
multiplicação (f)	**moltiplicazione** (f)	[moltiplika'tsjone]
multiplicar (vt)	**moltiplicare** (vt)	[moltipli'kare]

7. Números. Diversos

algarismo, dígito (m)	**cifra** (f)	['tʃifra]
número (m)	**numero** (m)	['numero]
numeral (m)	**numerale** (m)	[nume'rale]
menos (m)	**meno** (m)	['meno]
mais (m)	**più** (m)	['pju]
fórmula (f)	**formula** (f)	['formula]
cálculo (m)	**calcolo** (m)	['kalkolo]
contar (vt)	**contare** (vt)	[kon'tare]
calcular (vt)	**calcolare** (vt)	[kalko'lare]
comparar (vt)	**comparare** (vt)	[kompa'rare]
Quanto?	**Quanto?**	['kwanto]
Quantos? -as?	**Quanti?**	['kwanti]
soma (f)	**somma** (f)	['somma]
resultado (m)	**risultato** (m)	[rizul'tato]
resto (m)	**resto** (m)	['resto]
alguns, algumas ...	**qualche ...**	['kwalke]
pouco (~ tempo)	**un po'di ...**	[un po di]
resto (m)	**resto** (m)	['resto]
um e meio	**uno e mezzo**	['uno e 'meddzo]
dúzia (f)	**dozzina** (f)	[dod'dzina]
ao meio	**in due**	[in 'due]
em partes iguais	**in parti uguali**	[in 'parti u'gwali]
metade (f)	**metà** (f), **mezzo** (m)	[me'ta], ['meddzo]
vez (f)	**volta** (f)	['volta]

8. Os verbos mais importantes. Parte 1

abrir (vt)	**aprire** (vt)	[a'prire]
acabar, terminar (vt)	**finire** (vt)	[fi'nire]

aconselhar (vt)	consigliare (vt)	[konsiʎ'ʎare]
adivinhar (vt)	indovinare (vt)	[indovi'nare]
advertir (vt)	avvertire (vt)	[avver'tire]

ajudar (vt)	aiutare (vt)	[aju'tare]
almoçar (vi)	pranzare (vi)	[pran'tsare]
alugar (~ um apartamento)	affittare (vt)	[affit'tare]
amar (pessoa)	amare qn	[a'mare]
ameaçar (vt)	minacciare (vt)	[mina'ʧare]

anotar (escrever)	annotare (vt)	[anno'tare]
apressar-se (vr)	avere fretta	[a'vere 'fretta]
arrepender-se (vr)	rincrescere (vi)	[rin'kreʃere]
assinar (vt)	firmare (vt)	[fir'mare]
brincar (vi)	scherzare (vi)	[sker'tsare]

brincar, jogar (vi, vt)	giocare (vi)	[ʤo'kare]
buscar (vt)	cercare (vt)	[ʧer'kare]
caçar (vi)	cacciare (vt)	[ka'ʧare]
cair (vi)	cadere (vi)	[ka'dere]
cavar (vt)	scavare (vt)	[ska'vare]
chamar (~ por socorro)	chiamare (vt)	[kja'mare]

chegar (vi)	arrivare (vi)	[arri'vare]
chorar (vi)	piangere (vi)	['pjanʤere]
começar (vt)	cominciare (vt)	[komin'ʧare]
comparar (vt)	comparare (vt)	[kompa'rare]
concordar (dizer "sim")	essere d'accordo	['essere dak'kordo]

confiar (vt)	fidarsi (vr)	[fi'darsi]
confundir (equivocar-se)	confondere (vt)	[kon'fondere]
conhecer (vt)	conoscere (vt)	[ko'noʃere]
contar (fazer contas)	contare (vt)	[kon'tare]
contar com ...	contare su ...	[kon'tare su]
continuar (vt)	continuare (vt)	[kontinu'are]

controlar (vt)	controllare (vt)	[kontrol'lare]
convidar (vt)	invitare (vt)	[invi'tare]
correr (vi)	correre (vi)	['korrere]
criar (vt)	creare (vt)	[kre'are]
custar (vt)	costare (vt)	[ko'stare]

9. Os verbos mais importantes. Parte 2

dar (vt)	dare (vt)	['dare]
dar uma dica	dare un suggerimento	[dare un suʤeri'mento]
decorar (enfeitar)	decorare (vt)	[deko'rare]
defender (vt)	difendere (vt)	[di'fendere]
deixar cair (vt)	lasciar cadere	[la'ʃar ka'dere]

descer (para baixo)	scendere (vi)	['ʃendere]
desculpar (vt)	battaglia (f)	[bat'taʎʎa]
desculpar-se (vr)	scusarsi (vr)	[sku'zarsi]
dirigir (~ uma empresa)	dirigere (vt)	[di'riʤere]

discutir (notícias, etc.)	**discutere** (vt)	[di'skutere]
disparar, atirar (vi)	**sparare** (vi)	[spa'rare]
dizer (vt)	**dire** (vt)	['dire]
duvidar (vt)	**dubitare** (vi)	[dubi'tare]
encontrar (achar)	**trovare** (vt)	[tro'vare]
enganar (vt)	**ingannare** (vt)	[ingan'nare]
entender (vt)	**capire** (vt)	[ka'pire]
entrar (na sala, etc.)	**entrare** (vi)	[en'trare]
enviar (uma carta)	**mandare** (vt)	[man'dare]
errar (enganar-se)	**sbagliare** (vi)	[zbaʎ'ʎare]
escolher (vt)	**scegliere** (vt)	['ʃeʎʎere]
esconder (vt)	**nascondere** (vt)	[na'skondere]
escrever (vt)	**scrivere** (vt)	['skrivere]
esperar (aguardar)	**aspettare** (vt)	[aspet'tare]
esperar (ter esperança)	**sperare** (vi, vt)	[spe'rare]
esquecer (vt)	**dimenticare** (vt)	[dimenti'kare]
estudar (vt)	**studiare** (vt)	[stu'djare]
exigir (vt)	**esigere** (vt)	[e'zidʒere]
existir (vi)	**esistere** (vi)	[e'zistere]
explicar (vt)	**spiegare** (vt)	[spje'gare]
falar (vi)	**parlare** (vi, vt)	[par'lare]
faltar (a la escuela, etc.)	**mancare le lezioni**	[man'kare le le'tsjoni]
fazer (vt)	**fare** (vt)	['fare]
ficar em silêncio	**tacere** (vi)	[ta'tʃere]
gabar-se (vr)	**vantarsi** (vr)	[van'tarsi]
gostar (apreciar)	**piacere** (vi)	[pja'tʃere]
gritar (vi)	**gridare** (vi)	[gri'dare]
guardar (fotos, etc.)	**conservare** (vt)	[konser'vare]
informar (vt)	**informare** (vt)	[infor'mare]
insistir (vi)	**insistere** (vi)	[in'sistere]
insultar (vt)	**insultare** (vt)	[insul'tare]
interessar-se (vr)	**interessarsi di ...**	[interes'sarsi di]
ir (a pé)	**andare** (vi)	[an'dare]
ir nadar	**fare il bagno**	['fare il 'baɲo]
jantar (vi)	**cenare** (vi)	[tʃe'nare]

10. Os verbos mais importantes. Parte 3

ler (vt)	**leggere** (vi, vt)	['ledʒere]
libertar, liberar (vt)	**liberare** (vt)	[libe'rare]
matar (vt)	**uccidere** (vt)	[u'tʃidere]
mencionar (vt)	**menzionare** (vt)	[mentsjo'nare]
mostrar (vt)	**mostrare** (vt)	[mo'strare]
mudar (modificar)	**cambiare** (vt)	[kam'bjare]
nadar (vi)	**nuotare** (vi)	[nuo'tare]
negar-se a ... (vr)	**rifiutarsi** (vr)	[rifju'tarsi]
objetar (vt)	**obiettare** (vt)	[objet'tare]

observar (vt)	osservare (vt)	[osser'vare]
ordenar (mil.)	ordinare (vt)	[ordi'nare]
ouvir (vt)	sentire (vt)	[sen'tire]
pagar (vt)	pagare (vi, vt)	[pa'gare]
parar (vi)	fermarsi (vr)	[fer'marsi]

parar, cessar (vt)	cessare (vt)	[tʃes'sare]
participar (vi)	partecipare (vi)	[partetʃi'pare]
pedir (comida, etc.)	ordinare (vt)	[ordi'nare]
pedir (um favor, etc.)	chiedere, domandare	['kjedere], [doman'dare]
pegar (tomar)	prendere (vt)	['prendere]

pegar (uma bola)	afferrare (vt)	[affer'rare]
pensar (vi, vt)	pensare (vi, vt)	[pen'sare]
perceber (ver)	accorgersi (vr)	[ak'kordʒersi]
perdoar (vt)	perdonare (vt)	[perdo'nare]
perguntar (vt)	chiedere, domandare	['kjedere], [doman'dare]

permitir (vt)	permettere (vt)	[per'mettere]
pertencer a … (vi)	appartenere (vi)	[apparte'nere]
planejar (vt)	pianificare (vt)	[pjanifi'kare]
poder (~ fazer algo)	potere (v aus)	[po'tere]
possuir (uma casa, etc.)	possedere (vt)	[posse'dere]

preferir (vt)	preferire (vt)	[prefe'rire]
preparar (vt)	cucinare (vi)	[kutʃi'nare]
prever (vt)	prevedere (vt)	[preve'dere]
prometer (vt)	promettere (vt)	[pro'mettere]
pronunciar (vt)	pronunciare (vt)	[pronun'tʃare]

propor (vt)	proporre (vt)	[pro'porre]
punir (castigar)	punire (vt)	[pu'nire]
quebrar (vt)	rompere (vt)	['rompere]
queixar-se de …	lamentarsi (vr)	[lamen'tarsi]
querer (desejar)	volere (vt)	[vo'lere]

11. Os verbos mais importantes. Parte 4

ralhar, repreender (vt)	sgridare (vt)	[zgri'dare]
recomendar (vt)	raccomandare (vt)	[rakkoman'dare]
repetir (dizer outra vez)	ripetere (vt)	[ri'petere]
reservar (~ um quarto)	riservare (vt)	[rizer'vare]
responder (vt)	rispondere (vi, vt)	[ris'pondere]

rezar, orar (vi)	pregare (vi, vt)	[pre'gare]
rir (vi)	ridere (vi)	['ridere]
roubar (vt)	rubare (vt)	[ru'bare]
saber (vt)	sapere (vt)	[sa'pere]
sair (~ de casa)	uscire (vi)	[u'ʃire]

salvar (resgatar)	salvare (vt)	[sal'vare]
seguir (~ alguém)	seguire (vt)	[se'gwire]
sentar-se (vr)	sedersi (vr)	[se'dersi]
ser necessário	occorrere	[ok'korrere]

ser, estar	**essere** (vi)	['essere]
significar (vt)	**significare** (vt)	[siɲifi'kare]
sorrir (vi)	**sorridere** (vi)	[sor'ridere]
subestimar (vt)	**sottovalutare** (vt)	[sottovalu'tare]
surpreender-se (vr)	**stupirsi** (vr)	[stu'pirsi]

tentar (~ fazer)	**tentare** (vt)	[ten'tare]
ter (vt)	**avere** (vt)	[a'vere]
ter fome	**avere fame**	[a'vere 'fame]

ter medo	**avere paura**	[a'vere pa'ura]
ter sede	**avere sete**	[a'vere 'sete]
tocar (com as mãos)	**toccare** (vt)	[tok'kare]
tomar café da manhã	**fare colazione**	['fare kola'tsjone]
trabalhar (vi)	**lavorare** (vi)	[lavo'rare]
traduzir (vt)	**tradurre** (vt)	[tra'durre]

unir (vt)	**unire** (vt)	[u'nire]
vender (vt)	**vendere** (vt)	['vendere]
ver (vt)	**vedere** (vt)	[ve'dere]
virar (~ para a direita)	**girare** (vi)	[dʒi'rare]
voar (vi)	**volare** (vi)	[vo'lare]

12. Cores

cor (f)	**colore** (m)	[ko'lore]
tom (m)	**sfumatura** (f)	[sfuma'tura]
tonalidade (m)	**tono** (m)	['tono]
arco-íris (m)	**arcobaleno** (m)	[arkoba'leno]

branco (adj)	**bianco**	['bjanko]
preto (adj)	**nero**	['nero]
cinza (adj)	**grigio**	['gridʒo]

verde (adj)	**verde**	['verde]
amarelo (adj)	**giallo**	['dʒallo]
vermelho (adj)	**rosso**	['rosso]

azul (adj)	**blu**	['blu]
azul claro (adj)	**azzurro**	[ad'dzurro]
rosa (adj)	**rosa**	['roza]
laranja (adj)	**arancione**	[aran'tʃone]
violeta (adj)	**violetto**	[vio'letto]
marrom (adj)	**marrone**	[mar'rone]

dourado (adj)	**d'oro**	['doro]
prateado (adj)	**argenteo**	[ar'dʒenteo]

bege (adj)	**beige**	[beʒ]
creme (adj)	**color crema**	[ko'lor 'krema]
turquesa (adj)	**turchese**	[tur'keze]
vermelho cereja (adj)	**rosso ciliegia** (f)	['rosso tʃi'ljedʒa]
lilás (adj)	**lilla**	['lilla]
carmim (adj)	**rosso lampone**	['rosso lam'pone]

claro (adj)	chiaro	['kjaro]
escuro (adj)	scuro	['skuro]
vivo (adj)	vivo, vivido	['vivo], ['vivido]

de cor	colorato	[kolo'rato]
a cores	a colori	[a ko'lori]
preto e branco (adj)	bianco e nero	['bjanko e 'nero]
unicolor (de uma só cor)	in tinta unita	[in 'tinta u'nita]
multicolor (adj)	multicolore	[multiko'lore]

13. Questões

Quem?	Chi?	[ki]
O que?	Che cosa?	[ke 'koza]
Onde?	Dove?	['dove]
Para onde?	Dove?	['dove]
De onde?	Di dove?, Da dove?	[di 'dove], [da 'dove]
Quando?	Quando?	['kwando]
Para quê?	Perché?	[per'ke]
Por quê?	Perché?	[per'ke]

Para quê?	Per che cosa?	[per ke 'koza]
Como?	Come?	['kome]
Qual (~ é o problema?)	Che?	[ke]
Qual (~ deles?)	Quale?	['kwale]

A quem?	A chi?	[a 'ki]
De quem?	Di chi?	[di 'ki]
Do quê?	Di che cosa?	[di ke 'koza]
Com quem?	Con chi?	[kon 'ki]

Quantos? -as?	Quanti?	['kwanti]
Quanto?	Quanto?	['kwanto]
De quem? (masc.)	Di chi?	[di 'ki]

14. Palavras funcionais. Advérbios. Parte 1

Onde?	Dove?	['dove]
aqui	qui	[kwi]
lá, ali	lì	[li]

em algum lugar	da qualche parte	[da 'kwalke 'parte]
em lugar nenhum	da nessuna parte	[da nes'suna 'parte]

perto de ...	vicino a ...	[vi'ʧino a]
perto da janela	vicino alla finestra	[vi'ʧino 'alla fi'nestra]

Para onde?	Dove?	['dove]
aqui	di qui	[di kwi]
para lá	ci	[ʧi]
daqui	da qui	[da kwi]
de lá, dali	da lì	[da 'li]

| perto | vicino, accanto | [vi'tʃino], [a'kanto] |
| longe | lontano | [lon'tano] |

perto de ...	vicino a ...	[vi'tʃino a]
à mão, perto	vicino	[vi'tʃino]
não fica longe	non lontano	[non lon'tano]

esquerdo (adj)	sinistro	[si'nistro]
à esquerda	a sinistra	[a si'nistra]
para a esquerda	a sinistra	[a si'nistra]

direito (adj)	destro	['destro]
à direita	a destra	[a 'destra]
para a direita	a destra	[a 'destra]

em frente	davanti	[da'vanti]
da frente	anteriore	[ante'rjore]
adiante (para a frente)	avanti	[a'vanti]

atrás de ...	dietro	['djetro]
de trás	da dietro	[da 'djetro]
para trás	indietro	[in'djetro]

| meio (m), metade (f) | mezzo (m), centro (m) | ['meddzo], ['tʃentro] |
| no meio | in mezzo, al centro | [in 'meddzo], [al 'tʃentro] |

do lado	di fianco	[di 'fjanko]
em todo lugar	dappertutto	[dapper'tutto]
por todos os lados	attorno	[at'torno]

de dentro	da dentro	[da 'dentro]
para algum lugar	da qualche parte	[da 'kwalke 'parte]
diretamente	dritto	['dritto]
de volta	indietro	[in'djetro]

| de algum lugar | da qualsiasi parte | [da kwal'siazi 'parte] |
| de algum lugar | da qualche posto | [da 'kwalke 'posto] |

em primeiro lugar	in primo luogo	[in 'primo lu'ogo]
em segundo lugar	in secondo luogo	[in se'kondo lu'ogo]
em terceiro lugar	in terzo luogo	[in 'tertso lu'ogo]

de repente	all'improvviso	[all improv'vizo]
no início	all'inizio	[all i'nitsio]
pela primeira vez	per la prima volta	[per la 'prima 'volta]
muito antes de ...	molto tempo prima di ...	['molto 'tempo 'prima di]
de novo	di nuovo	[di nu'ovo]
para sempre	per sempre	[per 'sempre]

nunca	mai	[maj]
de novo	ancora	[an'kora]
agora	adesso	[a'desso]
frequentemente	spesso	['spesso]
então	allora	[al'lora]
urgentemente	urgentemente	[urdʒente'mente]
normalmente	di solito	[di 'solito]

a propósito, ...	a proposito, ...	[a pro'pozito]
é possível	è possibile	[e pos'sibile]
provavelmente	probabilmente	[probabil'mente]
talvez	forse	['forse]
além disso, ...	inoltre ...	[i'noltre]
por isso ...	ecco perché ...	['ekko per'ke]
apesar de ...	nonostante	[nono'stante]
graças a ...	grazie a ...	['gratsie a]

que (pron.)	che cosa	[ke 'koza]
que (conj.)	che	[ke]
algo	qualcosa	[kwal'koza]
alguma coisa	qualcosa	[kwal'koza]
nada	niente	['njente]

quem	chi	[ki]
alguém (~ que ...)	qualcuno	[kwal'kuno]
alguém (com ~)	qualcuno	[kwal'kuno]

ninguém	nessuno	[nes'suno]
para lugar nenhum	da nessuna parte	[da nes'suna 'parte]
de ninguém	di nessuno	[di nes'suno]
de alguém	di qualcuno	[di kwal'kuno]

tão	così	[ko'zi]
também (gostaria ~ de ...)	anche	['aŋke]
também (~ eu)	anche, pure	['aŋke], ['pure]

15. Palavras funcionais. Advérbios. Parte 2

Por quê?	Perché?	[per'ke]
por alguma razão	per qualche ragione	[per 'kwalke ra'dʒone]
porque ...	perché ...	[per'ke]
por qualquer razão	per qualche motivo	[per 'kwalke mo'tivo]

e (tu ~ eu)	e	[e]
ou (ser ~ não ser)	o ...	[o]
mas (porém)	ma	[ma]
para (~ a minha mãe)	per	[per]

muito, demais	troppo	['troppo]
só, somente	solo	['solo]
exatamente	esattamente	[ezatta'mente]
cerca de (~ 10 kg)	circa	['tʃirka]

aproximadamente	approssimativamente	[approsimativa'mente]
aproximado (adj)	approssimativo	[approssima'tivo]
quase	quasi	['kwazi]
resto (m)	resto (m)	['resto]

cada (adj)	ogni	['oɲi]
qualquer (adj)	qualsiasi	[kwal'siazi]
muitos, muitas	molti	['molti]
muito	molto	['molto]

muitas pessoas	**molta gente**	['molta 'dʒente]
todos	**tutto, tutti**	['tutto], ['tutti]
em troca de ...	**in cambio di ...**	[in 'kambio di]
em troca	**in cambio**	[in 'kambio]
à mão	**a mano**	[a 'mano]
pouco provável	**poco probabile**	['poko pro'babile]
provavelmente	**probabilmente**	[probabil'mente]
de propósito	**apposta**	[ap'posta]
por acidente	**per caso**	[per 'kazo]
muito	**molto**	['molto]
por exemplo	**per esempio**	[per e'zempjo]
entre	**fra**	[fra]
entre (no meio de)	**fra**	[fra]
tanto	**tanto**	['tanto]
especialmente	**soprattutto**	[sopra'tutto]

Conceitos básicos. Parte 2

16. Opostos

rico (adj)	**ricco**	['rikko]
pobre (adj)	**povero**	['povero]
doente (adj)	**malato**	[ma'lato]
bem (adj)	**sano**	['sano]
grande (adj)	**grande**	['grande]
pequeno (adj)	**piccolo**	['pikkolo]
rapidamente	**rapidamente**	[rapida'mente]
lentamente	**lentamente**	[lenta'mente]
rápido (adj)	**veloce**	[ve'lotʃe]
lento (adj)	**lento**	['lento]
alegre (adj)	**allegro**	[al'legro]
triste (adj)	**triste**	['triste]
juntos (ir ~)	**insieme**	[in'sjeme]
separadamente	**separatamente**	[separata'mente]
em voz alta (ler ~)	**ad alta voce**	[ad 'alta 'votʃe]
para si (em silêncio)	**in silenzio**	[in si'lentsio]
alto (adj)	**alto**	['alto]
baixo (adj)	**basso**	['basso]
profundo (adj)	**profondo**	[pro'fondo]
raso (adj)	**basso**	['basso]
sim	**sì**	[si]
não	**no**	[no]
distante (adj)	**lontano**	[lon'tano]
próximo (adj)	**vicino**	[vi'tʃino]
longe	**lontano**	[lon'tano]
à mão, perto	**vicino**	[vi'tʃino]
longo (adj)	**lungo**	['lungo]
curto (adj)	**corto**	['korto]
bom (bondoso)	**buono**	[bu'ono]
mal (adj)	**cattivo**	[kat'tivo]
casado (adj)	**sposato**	[spo'zato]

solteiro (adj)	celibe	['tʃelibe]
proibir (vt)	vietare (vt)	[vje'tare]
permitir (vt)	permettere (vt)	[per'mettere]
fim (m)	fine (f)	['fine]
início (m)	inizio (m)	[i'nitsio]
esquerdo (adj)	sinistro	[si'nistro]
direito (adj)	destro	['destro]
primeiro (adj)	primo	['primo]
último (adj)	ultimo	['ultimo]
crime (m)	delitto (m)	[de'litto]
castigo (m)	punizione (f)	[puni'tsjone]
ordenar (vt)	ordinare (vt)	[ordi'nare]
obedecer (vt)	obbedire (vi)	[obbe'dire]
reto (adj)	dritto	['dritto]
curvo (adj)	curvo	['kurvo]
paraíso (m)	paradiso (m)	[para'dizo]
inferno (m)	inferno (m)	[in'ferno]
nascer (vi)	nascere (vi)	['naʃere]
morrer (vi)	morire (vi)	[mo'rire]
forte (adj)	forte	['forte]
fraco, débil (adj)	debole	['debole]
velho, idoso (adj)	vecchio	['vekkio]
jovem (adj)	giovane	['dʒovane]
velho (adj)	vecchio	['vekkio]
novo (adj)	nuovo	[nu'ovo]
duro (adj)	duro	['duro]
macio (adj)	morbido	['morbido]
quente (adj)	caldo	['kaldo]
frio (adj)	freddo	['freddo]
gordo (adj)	grasso	['grasso]
magro (adj)	magro	['magro]
estreito (adj)	stretto	['stretto]
largo (adj)	largo	['largo]
bom (adj)	buono	[bu'ono]
mau (adj)	cattivo	[kat'tivo]
valente, corajoso (adj)	valoroso	[valo'rozo]
covarde (adj)	codardo	[ko'dardo]

17. Dias da semana

segunda-feira (f)	lunedì (m)	[lune'di]
terça-feira (f)	martedì (m)	[marte'di]
quarta-feira (f)	mercoledì (m)	[merkole'di]
quinta-feira (f)	giovedì (m)	[dʒove'di]
sexta-feira (f)	venerdì (m)	[vener'di]
sábado (m)	sabato (m)	['sabato]
domingo (m)	domenica (f)	[do'menika]
hoje	oggi	['odʒi]
amanhã	domani	[do'mani]
depois de amanhã	dopodomani	[dopodo'mani]
ontem	ieri	['jeri]
anteontem	l'altro ieri	['laltro 'jeri]
dia (m)	giorno (m)	['dʒorno]
dia (m) de trabalho	giorno (m) lavorativo	['dʒorno lavora'tivo]
feriado (m)	giorno (m) festivo	['dʒorno fes'tivo]
dia (m) de folga	giorno (m) di riposo	['dʒorno di ri'pozo]
fim (m) de semana	fine (m) settimana	['fine setti'mana]
o dia todo	tutto il giorno	['tutto il 'dʒorno]
no dia seguinte	l'indomani	[lindo'mani]
há dois dias	due giorni fa	['due 'dʒorni fa]
na véspera	il giorno prima	[il 'dʒorno 'prima]
diário (adj)	quotidiano	[kwoti'djano]
todos os dias	ogni giorno	['oɲi 'dʒorno]
semana (f)	settimana (f)	[setti'mana]
na semana passada	la settimana scorsa	[la setti'mana 'skorsa]
semana que vem	la settimana prossima	[la setti'mana 'prossima]
semanal (adj)	settimanale	[settima'nale]
toda semana	ogni settimana	['oɲi setti'mana]
duas vezes por semana	due volte alla settimana	['due 'volte 'alla setti'mana]
toda terça-feira	ogni martedì	['oɲi marte'di]

18. Horas. Dia e noite

manhã (f)	mattina (f)	[mat'tina]
de manhã	di mattina	[di mat'tina]
meio-dia (m)	mezzogiorno (m)	[meddzo'dʒorno]
à tarde	nel pomeriggio	[nel pome'ridʒo]
tardinha (f)	sera (f)	['sera]
à tardinha	di sera	[di 'sera]
noite (f)	notte (f)	['notte]
à noite	di notte	[di 'notte]
meia-noite (f)	mezzanotte (f)	[meddza'notte]
segundo (m)	secondo (m)	[se'kondo]
minuto (m)	minuto (m)	[mi'nuto]
hora (f)	ora (f)	['ora]

meia hora (f)	mezzora (f)	[med'dzora]
quarto (m) de hora	un quarto d'ora	[un 'kwarto 'dora]
quinze minutos	quindici minuti	['kwinditʃi mi'nuti]
vinte e quatro horas	ventiquattro ore	[venti'kwattro 'ore]

nascer (m) do sol	levata (f) del sole	[le'vata del 'sole]
amanhecer (m)	alba (f)	['alba]
madrugada (f)	mattutino (m)	[mattu'tino]
pôr-do-sol (m)	tramonto (m)	[tra'monto]

de madrugada	di buon mattino	[di bu'on mat'tino]
esta manhã	stamattina	[stamat'tina]
amanhã de manhã	domattina	[domat'tina]

esta tarde	oggi pomeriggio	['odʒi pome'ridʒo]
à tarde	nel pomeriggio	[nel pome'ridʒo]
amanhã à tarde	domani pomeriggio	[do'mani pome'ridʒo]

| esta noite, hoje à noite | stasera | [sta'sera] |
| amanhã à noite | domani sera | [do'mani 'sera] |

às três horas em ponto	alle tre precise	['alle tre pre'tʃize]
por volta das quatro	verso le quattro	['verso le 'kwattro]
às doze	per le dodici	[per le 'doditʃi]

em vinte minutos	fra venti minuti	[fra 'venti mi'nuti]
em uma hora	fra un'ora	[fra un 'ora]
a tempo	puntualmente	[puntual'mente]

... um quarto para	un quarto di ...	[un 'kwarto di]
dentro de uma hora	entro un'ora	['entro un 'ora]
a cada quinze minutos	ogni quindici minuti	['oɲi 'kwinditʃi mi'nuti]
as vinte e quatro horas	giorno e notte	['dʒorno e 'notte]

19. Meses. Estações

janeiro (m)	gennaio (m)	[dʒen'najo]
fevereiro (m)	febbraio (m)	[feb'brajo]
março (m)	marzo (m)	['martso]
abril (m)	aprile (m)	[a'prile]
maio (m)	maggio (m)	['madʒo]
junho (m)	giugno (m)	['dʒuɲo]

julho (m)	luglio (m)	['luʎʎo]
agosto (m)	agosto (m)	[a'gosto]
setembro (m)	settembre (m)	[set'tembre]
outubro (m)	ottobre (m)	[ot'tobre]
novembro (m)	novembre (m)	[no'vembre]
dezembro (m)	dicembre (m)	[di'tʃembre]

primavera (f)	primavera (f)	[prima'vera]
na primavera	in primavera	[in prima'vera]
primaveril (adj)	primaverile	[primave'rile]
verão (m)	estate (f)	[e'state]

no verão	in estate	[in e'state]
de verão	estivo	[e'stivo]

outono (m)	autunno (m)	[au'tunno]
no outono	in autunno	[in au'tunno]
outonal (adj)	autunnale	[autun'nale]

inverno (m)	inverno (m)	[in'verno]
no inverno	in inverno	[in in'verno]
de inverno	invernale	[inver'nale]
mês (m)	mese (m)	['meze]
este mês	questo mese	['kwesto 'meze]
mês que vem	il mese prossimo	[il 'meze 'prossimo]
no mês passado	il mese scorso	[il 'meze 'skorso]

um mês atrás	un mese fa	[un 'meze fa]
em um mês	fra un mese	[fra un 'meze]
em dois meses	fra due mesi	[fra 'due 'mezi]
todo o mês	un mese intero	[un 'meze in'tero]
um mês inteiro	per tutto il mese	[per 'tutto il 'meze]

mensal (adj)	mensile	[men'sile]
mensalmente	mensilmente	[mensil'mente]
todo mês	ogni mese	['oɲi 'meze]
duas vezes por mês	due volte al mese	['due 'volte al 'meze]

ano (m)	anno (m)	['anno]
este ano	quest'anno	[kwest'anno]
ano que vem	l'anno prossimo	['lanno 'prossimo]
no ano passado	l'anno scorso	['lanno 'skorso]
há um ano	un anno fa	[un 'anno fa]
em um ano	fra un anno	[fra un 'anno]
dentro de dois anos	fra due anni	[fra 'due 'anni]
todo o ano	un anno intero	[un 'anno in'tero]
um ano inteiro	per tutto l'anno	[per 'tutto 'lanno]

cada ano	ogni anno	['oɲi 'anno]
anual (adj)	annuale	[annu'ale]
anualmente	annualmente	[annual'mente]
quatro vezes por ano	quattro volte all'anno	['kwattro 'volte all 'anno]

data (~ de hoje)	data (f)	['data]
data (ex. ~ de nascimento)	data (f)	['data]
calendário (m)	calendario (m)	[kalen'dario]

meio ano	mezz'anno (m)	[med'dzanno]
seis meses	semestre (m)	[se'mestre]
estação (f)	stagione (f)	[sta'dʒone]
século (m)	secolo (m)	['sekolo]

20. Tempo. Diversos

tempo (m)	tempo (m)	['tempo]
momento (m)	istante (m)	[i'stante]

instante (m)	momento (m)	[mo'mento]
instantâneo (adj)	istantaneo	[istan'taneo]
lapso (m) de tempo	periodo (m)	[pe'riodo]
vida (f)	vita (f)	['vita]
eternidade (f)	eternità (f)	[eterni'ta]
época (f)	epoca (f)	['epoka]
era (f)	era (f)	['era]
ciclo (m)	ciclo (m)	['tʃiklo]
período (m)	periodo (m)	[pe'riodo]
prazo (m)	scadenza (f)	[ska'dentsa]
futuro (m)	futuro (m)	[fu'turo]
futuro (adj)	futuro	[fu'turo]
da próxima vez	la prossima volta	[la 'prossima 'volta]
passado (m)	passato (m)	[pas'sato]
passado (adj)	scorso	['skorso]
na última vez	la volta scorsa	[la 'volta 'skorsa]
mais tarde	più tardi	[pju 'tardi]
depois de ...	dopo	['dopo]
atualmente	oggigiorno	[odʒi'dʒorno]
agora	adesso, ora	[a'desso], [ora]
imediatamente	subito	['subito]
em breve	fra poco, presto	[fra 'poko], ['presto]
de antemão	in anticipo	[in an'titʃipo]
há muito tempo	tanto tempo fa	['tanto 'tempo fa]
recentemente	di recente	[di re'tʃente]
destino (m)	destino (m)	[de'stino]
recordações (f pl)	ricordi (m pl)	[ri'kordi]
arquivo (m)	archivio (m)	[ar'kiwio]
durante ...	durante ...	[du'rante]
durante muito tempo	a lungo	[a 'lungo]
pouco tempo	per poco tempo	[per 'poko 'tempo]
cedo (levantar-se ~)	presto	['presto]
tarde (deitar-se ~)	tardi	['tardi]
para sempre	per sempre	[per 'sempre]
começar (vt)	cominciare (vt)	[komin'tʃare]
adiar (vt)	posticipare (vt)	[postitʃi'pare]
ao mesmo tempo	simultaneamente	[simultanea'mento]
permanentemente	tutto il tempo	['tutto il 'tempo]
constante (~ ruído, etc.)	costante	[ko'stante]
temporário (adj)	temporaneo	[tempo'raneo]
às vezes	a volte	[a 'volte]
raras vezes, raramente	raramente	[rara'mente]
frequentemente	spesso	['spesso]

21. Linhas e formas

quadrado (m)	quadrato (m)	[kwa'drato]
quadrado (adj)	quadrato	[kwa'drato]

círculo (m)	**cerchio** (m)	['tʃerkio]
redondo (adj)	**rotondo**	[ro'tondo]
triângulo (m)	**triangolo** (m)	[tri'angolo]
triangular (adj)	**triangolare**	[triango'lare]

oval (f)	**ovale** (m)	[o'vale]
oval (adj)	**ovale**	[o'vale]
retângulo (m)	**rettangolo** (m)	[ret'tangolo]
retangular (adj)	**rettangolare**	[rettango'lare]

pirâmide (f)	**piramide** (f)	[pi'ramide]
losango (m)	**rombo** (m)	['rombo]
trapézio (m)	**trapezio** (m)	[tra'petsio]
cubo (m)	**cubo** (m)	['kubo]
prisma (m)	**prisma** (m)	['prizma]

circunferência (f)	**circonferenza** (f)	[tʃirkonfe'rentsa]
esfera (f)	**sfera** (f)	['sfera]
globo (m)	**palla** (f)	['palla]
diâmetro (m)	**diametro** (m)	[di'ametro]
raio (m)	**raggio** (m)	['radʒo]
perímetro (m)	**perimetro** (m)	[pe'rimetro]
centro (m)	**centro** (m)	['tʃentro]

horizontal (adj)	**orizzontale**	[oriddzon'tale]
vertical (adj)	**verticale**	[verti'kale]
paralela (f)	**parallela** (f)	[paral'lela]
paralelo (adj)	**parallelo**	[paral'lelo]

linha (f)	**linea** (f)	['linea]
traço (m)	**tratto** (m)	['tratto]
reta (f)	**linea** (f) **retta**	['linea 'retta]
curva (f)	**linea** (f) **curva**	['linea 'kurva]
fino (linha ~a)	**sottile**	[sot'tile]
contorno (m)	**contorno** (m)	[kon'torno]

interseção (f)	**intersezione** (f)	[interse'tsjone]
ângulo (m) reto	**angolo** (m) **retto**	['angolo 'retto]
segmento (m)	**segmento**	[seg'mento]
setor (m)	**settore** (m)	[set'tore]
lado (de um triângulo, etc.)	**lato** (m)	['lato]
ângulo (m)	**angolo** (m)	['angolo]

22. Unidades de medida

peso (m)	**peso** (m)	['pezo]
comprimento (m)	**lunghezza** (f)	[lun'gettsa]
largura (f)	**larghezza** (f)	[lar'gettsa]
altura (f)	**altezza** (f)	[al'tettsa]
profundidade (f)	**profondità** (f)	[profondi'ta]
volume (m)	**volume** (m)	[vo'lume]
área (f)	**area** (f)	['area]
grama (m)	**grammo** (m)	['grammo]
miligrama (m)	**milligrammo** (m)	[milli'grammo]

quilograma (m)	**chilogrammo** (m)	[kilo'grammo]
tonelada (f)	**tonnellata** (f)	[tonnel'lata]
libra (453,6 gramas)	**libbra** (f)	['libbra]
onça (f)	**oncia** (f)	['ontʃa]
metro (m)	**metro** (m)	['metro]
milímetro (m)	**millimetro** (m)	[mil'limetro]
centímetro (m)	**centimetro** (m)	[tʃen'timetro]
quilômetro (m)	**chilometro** (m)	[ki'lometro]
milha (f)	**miglio** (m)	['miʎʎo]
polegada (f)	**pollice** (m)	['pollitʃe]
pé (304,74 mm)	**piede** (f)	['pjede]
jarda (914,383 mm)	**iarda** (f)	[jarda]
metro (m) quadrado	**metro** (m) **quadro**	['metro 'kwadro]
hectare (m)	**ettaro** (m)	['ettaro]
litro (m)	**litro** (m)	['litro]
grau (m)	**grado** (m)	['grado]
volt (m)	**volt** (m)	[volt]
ampère (m)	**ampere** (m)	[am'pere]
cavalo (m) de potência	**cavallo vapore** (m)	[ka'vallo va'pore]
quantidade (f)	**quantità** (f)	[kwanti'ta]
um pouco de …	**un po'di** …	[un po di]
metade (f)	**metà** (f)	[me'ta]
dúzia (f)	**dozzina** (f)	[dod'dzina]
peça (f)	**pezzo** (m)	['pettso]
tamanho (m), dimensão (f)	**dimensione** (f)	[dimen'sjone]
escala (f)	**scala** (f)	['skala]
mínimo (adj)	**minimo**	['minimo]
menor, mais pequeno	**minore**	[mi'nore]
médio (adj)	**medio**	['medio]
máximo (adj)	**massimo**	['massimo]
maior, mais grande	**maggiore**	[ma'dʒore]

23. Recipientes

pote (m) de vidro	**barattolo** (m) **di vetro**	[ba'rattolo di 'vetro]
lata (~ de cerveja)	**latta** (f), **lattina** (f)	['latta], [lat'tina]
balde (m)	**secchio** (m)	['sekkio]
barril (m)	**barile** (m), **botte** (f)	[ba'rile], ['botte]
bacia (~ de plástico)	**catino** (m)	[ka'tino]
tanque (m)	**serbatoio** (m)	[serba'tojo]
cantil (m) de bolso	**fiaschetta** (f)	[fias'ketta]
galão (m) de gasolina	**tanica** (f)	['tanika]
cisterna (f)	**cisterna** (f)	[tʃi'sterna]
caneca (f)	**tazza** (f)	['tattsa]
xícara (f)	**tazzina** (f)	[tat'tsina]

pires (m)	piattino (m)	[pjat'tino]
copo (m)	bicchiere (m)	[bik'kjere]
taça (f) de vinho	calice (m)	['kalitʃe]
panela (f)	casseruola (f)	[kasseru'ola]

| garrafa (f) | bottiglia (f) | [bot'tiʎʎa] |
| gargalo (m) | collo (m) | ['kollo] |

jarra (f)	caraffa (f)	[ka'raffa]
jarro (m)	brocca (f)	['brokka]
recipiente (m)	recipiente (m)	[retʃi'pjente]
pote (m)	vaso (m) di coccio	['vazo di 'kotʃo]
vaso (m)	vaso (m)	['vazo]

frasco (~ de perfume)	boccetta (f)	[bo'tʃetta]
frasquinho (m)	fiala (f)	[fi'ala]
tubo (m)	tubetto (m)	[tu'betto]

saco (ex. ~ de açúcar)	sacco (m)	['sakko]
sacola (~ plastica)	sacchetto (m)	[sak'ketto]
maço (de cigarros, etc.)	pacchetto (m)	[pak'ketto]

caixa (~ de sapatos, etc.)	scatola (f)	['skatola]
caixote (~ de madeira)	cassa (f)	['kassa]
cesto (m)	cesta (f)	['tʃesta]

24. Materiais

material (m)	materiale (m)	[mate'rjale]
madeira (f)	legno (m)	['leɲo]
de madeira	di legno	[di 'leɲo]

| vidro (m) | vetro (m) | ['vetro] |
| de vidro | di vetro | [di 'vetro] |

| pedra (f) | pietra (f) | ['pjetra] |
| de pedra | di pietra | [di 'pjetra] |

| plástico (m) | plastica (f) | ['plastika] |
| plástico (adj) | di plastica | [di 'plastika] |

| borracha (f) | gomma (f) | ['gomma] |
| de borracha | di gomma | [di 'gomma] |

| tecido, pano (m) | stoffa (f) | ['stoffa] |
| de tecido | di stoffa | [di 'stoffa] |

| papel (m) | carta (f) | ['karta] |
| de papel | di carta | [di 'karta] |

papelão (m)	cartone (m)	[kar'tone]
de papelão	di cartone	[di kar'tone]
polietileno (m)	polietilene (m)	[polieti'lene]
celofane (m)	cellofan (m)	['tʃellofan]

linóleo (m)	**linoleum** (m)	[li'noleum]
madeira (f) compensada	**legno** (m) **compensato**	['leɲo kompen'sato]

porcelana (f)	**porcellana** (f)	[porʧel'lana]
de porcelana	**di porcellana**	[di porʧel'lana]
argila (f), barro (m)	**argilla** (f)	[ar'dʒilla]
de barro	**d'argilla**	[dar'dʒilla]
cerâmica (f)	**ceramica** (f)	[ʧe'ramika]
de cerâmica	**ceramico**	[ʧe'ramiko]

25. Metais

metal (m)	**metallo** (m)	[me'tallo]
metálico (adj)	**metallico**	[me'talliko]
liga (f)	**lega** (f)	['lega]

ouro (m)	**oro** (m)	['oro]
de ouro	**d'oro**	['doro]
prata (f)	**argento** (m)	[ar'dʒento]
de prata	**d'argento**	[dar'dʒento]

ferro (m)	**ferro** (m)	['ferro]
de ferro	**di ferro**	[di 'ferro]
aço (m)	**acciaio** (m)	[a'ʧajo]
de aço (adj)	**d'acciaio**	[da'ʧajo]
cobre (m)	**rame** (m)	['rame]
de cobre	**di rame**	[di 'rame]

alumínio (m)	**alluminio** (m)	[allu'minio]
de alumínio	**di alluminio**	[allu'minio]
bronze (m)	**bronzo** (m)	['brondzo]
de bronze	**di bronzo**	[di 'brondzo]

latão (m)	**ottone** (m)	[ot'tone]
níquel (m)	**nichel** (m)	['nikel]
platina (f)	**platino** (m)	['platino]
mercúrio (m)	**mercurio** (m)	[mer'kurio]
estanho (m)	**stagno** (m)	['staɲo]
chumbo (m)	**piombo** (m)	['pjombo]
zinco (m)	**zinco** (m)	['dzinko]

O SER HUMANO

O ser humano. O corpo

26. Humanos. Conceitos básicos

ser (m) humano	uomo (m), essere umano (m)	[u'omo], ['essere u'mano]
homem (m)	uomo (m)	[u'omo]
mulher (f)	donna (f)	['donna]
criança (f)	bambino (m)	[bam'bino]
menina (f)	bambina (f)	[bam'bina]
menino (m)	bambino (m)	[bam'bino]
adolescente (m)	adolescente (m, f)	[adole'ʃente]
velho (m)	vecchio (m)	['vekkio]
velha (f)	vecchia (f)	['vekkia]

27. Anatomia humana

organismo (m)	organismo (m)	[orga'nizmo]
coração (m)	cuore (m)	[ku'ore]
sangue (m)	sangue (m)	['sangue]
artéria (f)	arteria (f)	[ar'teria]
veia (f)	vena (f)	['vena]
cérebro (m)	cervello (m)	[tʃer'vello]
nervo (m)	nervo (m)	['nervo]
nervos (m pl)	nervi (m pl)	['nervi]
vértebra (f)	vertebra (f)	['vertebra]
coluna (f) vertebral	colonna (f) vertebrale	[ko'lonna verte'brale]
estômago (m)	stomaco (m)	['stomako]
intestinos (m pl)	intestini (m pl)	[inte'stini]
intestino (m)	intestino (m)	[inte'stino]
fígado (m)	fegato (m)	['fegato]
rim (m)	rene (m)	['rene]
osso (m)	osso (m)	['osso]
esqueleto (m)	scheletro (m)	['skeletro]
costela (f)	costola (f)	['kostola]
crânio (m)	cranio (m)	['kranio]
músculo (m)	muscolo (m)	['muskolo]
bíceps (m)	bicipite (m)	[bitʃi'pite]
tríceps (m)	tricipite (m)	[tritʃi'pite]
tendão (m)	tendine (m)	['tendine]
articulação (f)	articolazione (f)	[artikola'tsjone]

pulmões (m pl)	polmoni (m pl)	[pol'moni]
órgãos (m pl) genitais	genitali (m pl)	[dʒeni'tali]
pele (f)	pelle (f)	['pelle]

28. Cabeça

cabeça (f)	testa (f)	['testa]
rosto, cara (f)	viso (m)	['vizo]
nariz (m)	naso (m)	['nazo]
boca (f)	bocca (f)	['bokka]
olho (m)	occhio (m)	['okkio]
olhos (m pl)	occhi (m pl)	['okki]
pupila (f)	pupilla (f)	[pu'pilla]
sobrancelha (f)	sopracciglio (m)	[sopra'tʃiʎʎo]
cílio (m)	ciglio (m)	['tʃiʎʎo]
pálpebra (f)	palpebra (f)	['palpebra]
língua (f)	lingua (f)	['lingua]
dente (m)	dente (m)	['dente]
lábios (m pl)	labbra (f pl)	['labbra]
maçãs (f pl) do rosto	zigomi (m pl)	['dzigomi]
gengiva (f)	gengiva (f)	[dʒen'dʒiva]
palato (m)	palato (m)	[pa'lato]
narinas (f pl)	narici (f pl)	[na'ritʃi]
queixo (m)	mento (m)	['mento]
mandíbula (f)	mascella (f)	[ma'ʃella]
bochecha (f)	guancia (f)	['gwantʃa]
testa (f)	fronte (f)	['fronte]
têmpora (f)	tempia (f)	['tempia]
orelha (f)	orecchio (m)	[o'rekkio]
costas (f pl) da cabeça	nuca (f)	['nuka]
pescoço (m)	collo (m)	['kollo]
garganta (f)	gola (f)	['gola]
cabelo (m)	capelli (m pl)	[ka'pelli]
penteado (m)	pettinatura (f)	[pettina'tura]
corte (m) de cabelo	taglio (m)	['taʎʎo]
peruca (f)	parrucca (f)	['parrukka]
bigode (m)	baffi (m pl)	['baffi]
barba (f)	barba (f)	['barba]
ter (~ barba, etc.)	portare (vt)	[por'tare]
trança (f)	treccia (f)	['tretʃa]
suíças (f pl)	basette (f pl)	[ba'zette]
ruivo (adj)	rosso	['rosso]
grisalho (adj)	brizzolato	[brittso'lato]
careca (adj)	calvo	['kalvo]
calva (f)	calvizie (f)	[kal'vitsie]
rabo-de-cavalo (m)	coda (f) di cavallo	['koda di ka'vallo]
franja (f)	frangetta (f)	[fran'dʒetta]

29. Corpo humano

mão (f)	**mano** (f)	['mano]
braço (m)	**braccio** (m)	['bratʃo]

dedo (m)	**dito** (m)	['dito]
dedo (m) do pé	**dito** (m) **del piede**	['dito del 'pjede]
polegar (m)	**pollice** (m)	['pollitʃe]
dedo (m) mindinho	**mignolo** (m)	[mi'ɲolo]
unha (f)	**unghia** (f)	['ungia]

punho (m)	**pugno** (m)	['puɲo]
palma (f)	**palmo** (m)	['palmo]
pulso (m)	**polso** (m)	['polso]
antebraço (m)	**avambraccio** (m)	[avam'bratʃo]
cotovelo (m)	**gomito** (m)	['gomito]
ombro (m)	**spalla** (f)	['spalla]

perna (f)	**gamba** (f)	['gamba]
pé (m)	**pianta** (f) **del piede**	['pjanta del 'pjede]
joelho (m)	**ginocchio** (m)	[dʒi'nokkio]
panturrilha (f)	**polpaccio** (m)	[pol'patʃo]
quadril (m)	**anca** (f)	['anka]
calcanhar (m)	**tallone** (m)	[tal'lone]

corpo (m)	**corpo** (m)	['korpo]
barriga (f), ventre (m)	**pancia** (f)	['pantʃa]
peito (m)	**petto** (m)	['petto]
seio (m)	**seno** (m)	['seno]
lado (m)	**fianco** (m)	['fjanko]
costas (dorso)	**schiena** (f)	['skjena]
região (f) lombar	**zona** (f) **lombare**	['dzona lom'bare]
cintura (f)	**vita** (f)	['vita]

umbigo (m)	**ombelico** (m)	[ombe'liko]
nádegas (f pl)	**natiche** (f pl)	['natike]
traseiro (m)	**sedere** (m)	[se'dere]

sinal (m), pinta (f)	**neo** (m)	['neo]
sinal (m) de nascença	**voglia** (f)	['voʎʎa]
tatuagem (f)	**tatuaggio** (m)	[tatu'adʒo]
cicatriz (f)	**cicatrice** (f)	[tʃika'tritʃe]

Vestuário & Acessórios

30. Roupa exterior. Casacos

roupa (f)	vestiti (m pl)	[ve'stiti]
roupa (f) exterior	soprabito (m)	[so'prabito]
roupa (f) de inverno	abiti (m pl) invernali	['abiti inver'nali]
sobretudo (m)	cappotto (m)	[kap'potto]
casaco (m) de pele	pelliccia (f)	[pel'litʃa]
jaqueta (f) de pele	pellicciotto (m)	[pelli'tʃotto]
casaco (m) acolchoado	piumino (m)	[pju'mino]
casaco (m), jaqueta (f)	giubbotto (m), giaccha (f)	[dʒub'botto], ['dʒakka]
impermeável (m)	impermeabile (m)	[imperme'abile]
a prova d'água	impermeabile	[imperme'abile]

31. Vestuário de homem & mulher

camisa (f)	camicia (f)	[ka'mitʃa]
calça (f)	pantaloni (m pl)	[panta'loni]
jeans (m)	jeans (m pl)	['dʒins]
paletó, terno (m)	giacca (f)	['dʒakka]
terno (m)	abito (m) da uomo	['abito da u'omo]
vestido (ex. ~ de noiva)	abito (m)	['abito]
saia (f)	gonna (f)	['gonna]
blusa (f)	camicetta (f)	[kami'tʃetta]
casaco (m) de malha	giacca (f) a maglia	['dʒakka a 'maʎʎa]
casaco, blazer (m)	giacca (f) tailleur	['dʒakka ta'jer]
camiseta (f)	maglietta (f)	[maʎ'ʎetta]
short (m)	pantaloni (m pl) corti	[panta'loni 'korti]
training (m)	tuta (f) sportiva	['tuta spor'tiva]
roupão (m) de banho	accappatoio (m)	[akkappa'tojo]
pijama (m)	pigiama (m)	[pi'dʒama]
suéter (m)	maglione (m)	[maʎ'ʎone]
pulôver (m)	pullover (m)	[pul'lover]
colete (m)	gilè (m)	[dʒi'le]
fraque (m)	frac (m)	[frak]
smoking (m)	smoking (m)	['zmoking]
uniforme (m)	uniforme (f)	[uni'forme]
roupa (f) de trabalho	tuta (f) da lavoro	['tuta da la'voro]
macacão (m)	salopette (f)	[salo'pett]
jaleco (m), bata (f)	camice (m)	[ka'mitʃe]

32. Vestuário. Roupa interior

roupa (f) íntima	intimo (m)	['intimo]
cueca boxer (f)	boxer briefs (m)	['bokser brifs]
calcinha (f)	mutandina (f)	[mutan'dina]
camiseta (f)	maglietta (f) intima	[maʎ'ʎetta 'intima]
meias (f pl)	calzini (m pl)	[kal'tsini]
camisola (f)	camicia (f) da notte	[ka'mitʃa da 'notte]
sutiã (m)	reggiseno (m)	[redʒi'seno]
meias longas (f pl)	calzini (m pl) alti	[kal'tsini 'alti]
meias-calças (f pl)	collant (m)	[kol'lant]
meias (~ de nylon)	calze (f pl)	['kaltse]
maiô (m)	costume (m) da bagno	[ko'stume da 'baɲo]

33. Adereços de cabeça

chapéu (m), touca (f)	cappello (m)	[kap'pello]
chapéu (m) de feltro	cappello (m) di feltro	[kap'pello di feltro]
boné (m) de beisebol	cappello (m) da baseball	[kap'pello da 'bejzbol]
boina (~ italiana)	coppola (f)	['koppola]
boina (ex. ~ basca)	basco (m)	['basko]
capuz (m)	cappuccio (m)	[kap'putʃo]
chapéu panamá (m)	panama (m)	['panama]
touca (f)	berretto (m) a maglia	[ber'retto a 'maʎʎa]
lenço (m)	fazzoletto (m) da capo	[fattso'letto da 'kapo]
chapéu (m) feminino	cappellino (m) donna	[kappel'lino 'donna]
capacete (m) de proteção	casco (m)	['kasko]
bibico (m)	bustina (f)	[bu'stina]
capacete (m)	casco (m)	['kasko]
chapéu-coco (m)	bombetta (f)	[bom'betta]
cartola (f)	cilindro (m)	[tʃi'lindro]

34. Calçado

calçado (m)	calzature (f pl)	[kaltsa'ture]
botinas (f pl), sapatos (m pl)	stivaletti (m pl)	[stiva'letti]
sapatos (de salto alto, etc.)	scarpe (f pl)	['skarpe]
botas (f pl)	stivali (m pl)	[sti'vali]
pantufas (f pl)	pantofole (f pl)	[pan'tofole]
tênis (~ Nike, etc.)	scarpe (f pl) da tennis	['skarpe da 'tennis]
tênis (~ Converse)	scarpe (f pl) da ginnastica	['skarpe da dʒin'nastika]
sandálias (f pl)	sandali (m pl)	['sandali]
sapateiro (m)	calzolaio (m)	[kaltso'lajo]
salto (m)	tacco (m)	['takko]

par (m)	paio (m)	['pajo]
cadarço (m)	laccio (m)	['latʃo]
amarrar os cadarços	allacciare (vt)	[ala'tʃare]
calçadeira (f)	calzascarpe (m)	[kaltsa'skarpe]
graxa (f) para calçado	lucido (m) per le scarpe	['lutʃido per le 'skarpe]

35. Têxtil. Tecidos

algodão (m)	cotone (m)	[ko'tone]
de algodão	di cotone	[di ko'tone]
linho (m)	lino (m)	['lino]
de linho	di lino	[di 'lino]
seda (f)	seta (f)	['seta]
de seda	di seta	[di 'seta]
lã (f)	lana (f)	['lana]
de lã	di lana	[di 'lana]
veludo (m)	velluto (m)	[vel'luto]
camurça (f)	camoscio (m)	[ka'moʃo]
veludo (m) cotelê	velluto (m) a coste	[vel'luto a 'koste]
nylon (m)	nylon (m)	['najlon]
de nylon	di nylon	[di 'najlon]
poliéster (m)	poliestere (m)	[poli'estere]
de poliéster	di poliestere	[di poli'estere]
couro (m)	pelle (f)	['pelle]
de couro	di pelle	[di 'pelle]
pele (f)	pelliccia (f)	[pel'litʃa]
de pele	di pelliccia	[di pel'litʃa]

36. Acessórios pessoais

luva (f)	guanti (m pl)	['gwanti]
mitenes (f pl)	manopole (f pl)	[ma'nopole]
cachecol (m)	sciarpa (f)	['ʃarpa]
óculos (m pl)	occhiali (m pl)	[ok'kjali]
armação (f)	montatura (f)	[monta'tura]
guarda-chuva (m)	ombrello (m)	[om'brello]
bengala (f)	bastone (m)	[ba'stone]
escova (f) para o cabelo	spazzola (f) per capelli	['spattsola per ka'pelli]
leque (m)	ventaglio (m)	[ven'taʎʎo]
gravata (f)	cravatta (f)	[kra'vatta]
gravata-borboleta (f)	cravatta (f) a farfalla	[kra'vatta a far'falla]
suspensórios (m pl)	bretelle (f pl)	[bre'telle]
lenço (m)	fazzoletto (m)	[fattso'letto]
pente (m)	pettine (m)	['pettine]
fivela (f) para cabelo	fermaglio (m)	[fer'maʎʎo]

| grampo (m) | forcina (f) | [for'ʧina] |
| fivela (f) | fibbia (f) | ['fibbia] |

| cinto (m) | cintura (f) | [ʧin'tura] |
| alça (f) de ombro | spallina (f) | [spal'lina] |

bolsa (f)	borsa (f)	['borsa]
bolsa (feminina)	borsetta (f)	[bor'setta]
mochila (f)	zaino (m)	['dzajno]

37. Vestuário. Diversos

moda (f)	moda (f)	['moda]
na moda (adj)	di moda	[di 'moda]
estilista (m)	stilista (m)	[sti'lista]

colarinho (m)	collo (m)	['kollo]
bolso (m)	tasca (f)	['taska]
de bolso	tascabile	[ta'skabile]
manga (f)	manica (f)	['manika]
ganchinho (m)	asola (f) per appendere	['azola per ap'pendere]
bragueta (f)	patta (f)	['patta]

zíper (m)	cerniera (f) lampo	[ʧer'njera 'lampo]
colchete (m)	chiusura (f)	[kju'zura]
botão (m)	bottone (m)	[bot'tone]
botoeira (casa de botão)	occhiello (m)	[ok'kjello]
soltar-se (vr)	staccarsi (vr)	[stak'karsi]

costurar (vi)	cucire (vi, vt)	[ku'ʧire]
bordar (vt)	ricamare (vi, vt)	[rika'mare]
bordado (m)	ricamo (m)	[ri'kamo]
agulha (f)	ago (m)	['ago]
fio, linha (f)	filo (m)	['filo]
costura (f)	cucitura (f)	[kuʧi'tura]

sujar-se (vr)	sporcarsi (vr)	[spor'karsi]
mancha (f)	macchia (f)	['makkia]
amarrotar-se (vr)	sgualcirsi (vr)	[zgwal'ʧirsi]
rasgar (vt)	strappare (vt)	[strap'pare]
traça (f)	tarma (f)	['tarma]

38. Cuidados pessoais. Cosméticos

pasta (f) de dente	dentifricio (m)	[denti'friʧo]
escova (f) de dente	spazzolino (m) da denti	[spatso'lino da 'denti]
escovar os dentes	lavarsi i denti	[la'varsi i 'denti]

gilete (f)	rasoio (m)	[ra'zojo]
creme (m) de barbear	crema (f) da barba	['krema da 'barba]
barbear-se (vr)	rasarsi (vr)	[ra'zarsi]
sabonete (m)	sapone (m)	[sa'pone]

xampu (m)	shampoo (m)	['ʃampo]
tesoura (f)	forbici (f pl)	['forbitʃi]
lixa (f) de unhas	limetta (f)	[li'metta]
corta-unhas (m)	tagliaunghie (m)	[taʎʎa'ungje]
pinça (f)	pinzette (f pl)	[pin'tsette]
cosméticos (m pl)	cosmetica (f)	[ko'zmetika]
máscara (f)	maschera (f) di bellezza	['maskera di bel'lettsa]
manicure (f)	manicure (m)	[mani'kure]
fazer as unhas	fare la manicure	['fare la mani'kure]
pedicure (f)	pedicure (m)	[pedi'kure]
bolsa (f) de maquiagem	borsa (f) del trucco	['borsa del 'trukko]
pó (de arroz)	cipria (f)	['tʃipria]
pó (m) compacto	portacipria (m)	[porta·'tʃipria]
blush (m)	fard (m)	[far]
perfume (m)	profumo (m)	[pro'fumo]
água-de-colônia (f)	acqua (f) da toeletta	['akwa da toe'letta]
loção (f)	lozione (f)	[lo'tsjone]
colônia (f)	acqua (f) di Colonia	['akwa di ko'lonia]
sombra (f) de olhos	ombretto (m)	[om'bretto]
delineador (m)	eyeliner (m)	[aj'lajner]
máscara (f), rímel (m)	mascara (m)	[ma'skara]
batom (m)	rossetto (m)	[ros'setto]
esmalte (m)	smalto (m)	['zmalto]
laquê (m), spray fixador (m)	lacca (f) per capelli	['lakka per ka'pelli]
desodorante (m)	deodorante (m)	[deodo'rante]
creme (m)	crema (f)	['krema]
creme (m) de rosto	crema (f) per il viso	['krema per il 'vizo]
creme (m) de mãos	crema (f) per le mani	['krema per le 'mani]
creme (m) antirrugas	crema (f) antirughe	['krema anti'ruge]
creme (m) de dia	crema (f) da giorno	['krema da 'dʒorno]
creme (m) de noite	crema (f) da notte	['krema da 'notte]
de dia	da giorno	[da 'dʒorno]
da noite	da notte	[da 'notte]
absorvente (m) interno	tampone (m)	[tam'pone]
papel (m) higiênico	carta (f) igienica	['karta i'dʒenika]
secador (m) de cabelo	fon (m)	[fon]

39. Joalheria

joias (f pl)	gioielli (m pl)	[dʒo'jelli]
precioso (adj)	prezioso	[pre'tsjozo]
marca (f) de contraste	marchio (m)	['markio]
anel (m)	anello (m)	[a'nello]
aliança (f)	anello (m) nuziale	[a'nello nu'tsjale]
pulseira (f)	braccialetto (m)	[bratʃa'letto]
brincos (m pl)	orecchini (m pl)	[orek'kini]

colar (m)	**collana** (f)	[kol'lana]
coroa (f)	**corona** (f)	[ko'rona]
colar (m) de contas	**perline** (f pl)	[per'line]

diamante (m)	**diamante** (m)	[dia'mante]
esmeralda (f)	**smeraldo** (m)	[zme'raldo]
rubi (m)	**rubino** (m)	[ru'bino]
safira (f)	**zaffiro** (m)	[ʣaf'firo]
pérola (f)	**perle** (f pl)	['perle]
âmbar (m)	**ambra** (f)	['ambra]

40. Relógios de pulso. Relógios

relógio (m) de pulso	**orologio** (m)	[oro'loʤo]
mostrador (m)	**quadrante** (m)	[kwa'drante]
ponteiro (m)	**lancetta** (f)	[lan'ʧetta]
bracelete (em aço)	**braccialetto** (m)	[braʧa'letto]
bracelete (em couro)	**cinturino** (m)	[ʧintu'rino]

pilha (f)	**pila** (f)	['pila]
acabar (vi)	**essere scarico**	['essere 'skariko]
trocar a pilha	**cambiare la pila**	[kam'bjare la 'pila]
estar adiantado	**andare avanti**	[an'dare a'vanti]
estar atrasado	**andare indietro**	[an'dare in'djetro]

relógio (m) de parede	**orologio** (m) **da muro**	[oro'loʤo da 'muro]
ampulheta (f)	**clessidra** (f)	['klessidra]
relógio (m) de sol	**orologio** (m) **solare**	[oro'loʤo so'lare]
despertador (m)	**sveglia** (f)	['zveʎʎa]
relojoeiro (m)	**orologiaio** (m)	[orolo'ʤajo]
reparar (vt)	**riparare** (vt)	[ripa'rare]

Alimentação. Nutrição

41. Comida

carne (f)	carne (f)	['karne]
galinha (f)	pollo (m)	['pollo]
frango (m)	pollo (m) novello	['pollo no'vello]
pato (m)	anatra (f)	['anatra]
ganso (m)	oca (f)	['oka]
caça (f)	cacciagione (f)	[katʃa'dʒone]
peru (m)	tacchino (m)	[tak'kino]
carne (f) de porco	maiale (m)	[ma'jale]
carne (f) de vitela	vitello (m)	[vi'tello]
carne (f) de carneiro	agnello (m)	[a'nello]
carne (f) de vaca	manzo (m)	['mandzo]
carne (f) de coelho	coniglio (m)	[ko'niʎʎo]
linguiça (f), salsichão (m)	salame (m)	[sa'lame]
salsicha (f)	würstel (m)	['vyrstel]
bacon (m)	pancetta (f)	[pan'tʃetta]
presunto (m)	prosciutto (m)	[pro'ʃutto]
pernil (m) de porco	prosciutto (m) affumicato	[pro'ʃutto affumi'kato]
patê (m)	pâté (m)	[pa'te]
fígado (m)	fegato (m)	['fegato]
guisado (m)	carne (f) trita	['karne 'trita]
língua (f)	lingua (f)	['lingua]
ovo (m)	uovo (m)	[u'ovo]
ovos (m pl)	uova (f pl)	[u'ova]
clara (f) de ovo	albume (m)	[al'bume]
gema (f) de ovo	tuorlo (m)	[tu'orlo]
peixe (m)	pesce (m)	['peʃe]
mariscos (m pl)	frutti (m pl) di mare	['frutti di 'mare]
crustáceos (m pl)	crostacei (m pl)	[kro'statʃei]
caviar (m)	caviale (m)	[ka'vjale]
caranguejo (m)	granchio (m)	['graŋkio]
camarão (m)	gamberetto (m)	[gambe'retto]
ostra (f)	ostrica (f)	['ostrika]
lagosta (f)	aragosta (f)	[ara'gosta]
polvo (m)	polpo (m)	['polpo]
lula (f)	calamaro (m)	[kala'maro]
esturjão (m)	storione (m)	[sto'rjone]
salmão (m)	salmone (m)	[sal'mone]
halibute (m)	ippoglosso (m)	[ippo'glosso]
bacalhau (m)	merluzzo (m)	[mer'luttso]

cavala, sarda (f)	scombro (m)	['skombro]
atum (m)	tonno (m)	['tonno]
enguia (f)	anguilla (f)	[an'gwilla]

truta (f)	trota (f)	['trota]
sardinha (f)	sardina (f)	[sar'dina]
lúcio (m)	luccio (m)	['lutʃo]
arenque (m)	aringa (f)	[a'ringa]

pão (m)	pane (m)	['pane]
queijo (m)	formaggio (m)	[for'madʒo]
açúcar (m)	zucchero (m)	['dzukkero]
sal (m)	sale (m)	['sale]

arroz (m)	riso (m)	['rizo]
massas (f pl)	pasta (f)	['pasta]
talharim, miojo (m)	tagliatelle (f pl)	[taʎʎa'telle]

manteiga (f)	burro (m)	['burro]
óleo (m) vegetal	olio (m) vegetale	['oljo vedʒe'tale]
óleo (m) de girassol	olio (m) di girasole	['oljo di dʒira'sole]
margarina (f)	margarina (f)	[marga'rina]

azeitonas (f pl)	olive (f pl)	[o'live]
azeite (m)	olio (m) d'oliva	['oljo do'liva]

leite (m)	latte (m)	['latte]
leite (m) condensado	latte (m) condensato	['latte konden'sato]
iogurte (m)	yogurt (m)	['jogurt]
creme (m) azedo	panna (f) acida	['panna 'atʃida]
creme (m) de leite	panna (f)	['panna]

maionese (f)	maionese (m)	[majo'neze]
creme (m)	crema (f)	['krema]

grãos (m pl) de cereais	cereali (m pl)	[tʃere'ali]
farinha (f)	farina (f)	[fa'rina]
enlatados (m pl)	cibi (m pl) in scatola	['tʃibi in 'skatola]

flocos (m pl) de milho	fiocchi (m pl) di mais	['fjokki di 'mais]
mel (m)	miele (m)	['mjele]
geleia (m)	marmellata (f)	[marmel'lata]
chiclete (m)	gomma (f) da masticare	['gomma da masti'kare]

42. Bebidas

água (f)	acqua (f)	['akwa]
água (f) potável	acqua (f) potabile	['akwa po'tabile]
água (f) mineral	acqua (f) minerale	['akwa mine'rale]

sem gás (adj)	liscia, non gassata	['liʃa], [non gas'sata]
gaseificada (adj)	gassata	[gas'sata]
com gás	frizzante	[frid'dzante]
gelo (m)	ghiaccio (m)	['gjatʃo]

com gelo	con ghiaccio	[kon 'gjatʃo]
não alcoólico (adj)	analcolico	[anal'koliko]
refrigerante (m)	bevanda (f) analcolica	[be'vanda anal'kolika]
refresco (m)	bibita (f)	['bibita]
limonada (f)	limonata (f)	[limo'nata]
bebidas (f pl) alcoólicas	bevande (f pl) alcoliche	[be'vande al'kolike]
vinho (m)	vino (m)	['vino]
vinho (m) branco	vino (m) bianco	['vino 'bjanko]
vinho (m) tinto	vino (m) rosso	['vino 'rosso]
licor (m)	liquore (m)	[li'kwore]
champanhe (m)	champagne (m)	[ʃam'paɲ]
vermute (m)	vermouth (m)	['vermut]
uísque (m)	whisky	['wiski]
vodca (f)	vodka (f)	['vodka]
gim (m)	gin (m)	[dʒin]
conhaque (m)	cognac (m)	['koɲak]
rum (m)	rum (m)	[rum]
café (m)	caffè (m)	[kaf'fe]
café (m) preto	caffè (m) nero	[kaf'fe 'nero]
café (m) com leite	caffè latte (m)	[kaf'fe 'latte]
cappuccino (m)	cappuccino (m)	[kappu'tʃino]
café (m) solúvel	caffè (m) solubile	[kaf'fe so'lubile]
leite (m)	latte (m)	['latte]
coquetel (m)	cocktail (m)	['koktejl]
batida (f), milkshake (m)	frullato (m)	[frul'lato]
suco (m)	succo (m)	['sukko]
suco (m) de tomate	succo (m) di pomodoro	['sukko di pomo'doro]
suco (m) de laranja	succo (m) d'arancia	['sukko da'rantʃa]
suco (m) fresco	spremuta (f)	[spre'muta]
cerveja (f)	birra (f)	['birra]
cerveja (f) clara	birra (f) chiara	['birra 'kjara]
cerveja (f) preta	birra (f) scura	['birra 'skura]
chá (m)	tè (m)	[te]
chá (m) preto	tè (m) nero	[te 'nero]
chá (m) verde	tè (m) verde	[te 'verde]

43. Vegetais

vegetais (m pl)	ortaggi (m pl)	[or'tadʒi]
verdura (f)	verdura (f)	[ver'dura]
tomate (m)	pomodoro (m)	[pomo'doro]
pepino (m)	cetriolo (m)	[tʃetri'olo]
cenoura (f)	carota (f)	[ka'rota]
batata (f)	patata (f)	[pa'tata]
cebola (f)	cipolla (f)	[tʃi'polla]

alho (m)	**aglio** (m)	['aʎʎo]
couve (f)	**cavolo** (m)	['kavolo]
couve-flor (f)	**cavolfiore** (m)	[kavol'fjore]
couve-de-bruxelas (f)	**cavoletti** (m pl) **di Bruxelles**	[kavo'letti di bruk'sel]
brócolis (m pl)	**broccolo** (m)	['brokkolo]
beterraba (f)	**barbabietola** (f)	[barba'bjetola]
berinjela (f)	**melanzana** (f)	[melan'tsana]
abobrinha (f)	**zucchina** (f)	[dzuk'kina]
abóbora (f)	**zucca** (f)	['dzukka]
nabo (m)	**rapa** (f)	['rapa]
salsa (f)	**prezzemolo** (m)	[pret'tsemolo]
endro, aneto (m)	**aneto** (m)	[a'neto]
alface (f)	**lattuga** (f)	[lat'tuga]
aipo (m)	**sedano** (m)	['sedano]
aspargo (m)	**asparago** (m)	[a'sparago]
espinafre (m)	**spinaci** (m pl)	[spi'natʃi]
ervilha (f)	**pisello** (m)	[pi'zello]
feijão (~ soja, etc.)	**fave** (f pl)	['fave]
milho (m)	**mais** (m)	['mais]
feijão (m) roxo	**fagiolo** (m)	[fa'dʒolo]
pimentão (m)	**peperone** (m)	[pepe'rone]
rabanete (m)	**ravanello** (m)	[rava'nello]
alcachofra (f)	**carciofo** (m)	[kar'tʃofo]

44. Frutos. Nozes

fruta (f)	**frutto** (m)	['frutto]
maçã (f)	**mela** (f)	['mela]
pera (f)	**pera** (f)	['pera]
limão (m)	**limone** (m)	[li'mone]
laranja (f)	**arancia** (f)	[a'rantʃa]
morango (m)	**fragola** (f)	['fragola]
tangerina (f)	**mandarino** (m)	[manda'rino]
ameixa (f)	**prugna** (f)	['pruɲa]
pêssego (m)	**pesca** (f)	['peska]
damasco (m)	**albicocca** (f)	[albi'kokka]
framboesa (f)	**lampone** (m)	[lam'pone]
abacaxi (m)	**ananas** (m)	[ana'nas]
banana (f)	**banana** (f)	[ba'nana]
melancia (f)	**anguria** (f)	[an'guria]
uva (f)	**uva** (f)	['uva]
ginja (f)	**amarena** (f)	[ama'rena]
cereja (f)	**ciliegia** (f)	[tʃi'ljedʒa]
melão (m)	**melone** (m)	[me'lone]
toranja (f)	**pompelmo** (m)	[pom'pelmo]
abacate (m)	**avocado** (m)	[avo'kado]
mamão (m)	**papaia** (f)	[pa'paja]

| manga (f) | mango (m) | ['mango] |
| romã (f) | melagrana (f) | [mela'grana] |

groselha (f) vermelha	ribes (m) rosso	['ribes 'rosso]
groselha (f) negra	ribes (m) nero	['ribes 'nero]
groselha (f) espinhosa	uva (f) spina	['uva 'spina]
mirtilo (m)	mirtillo (m)	[mir'tillo]
amora (f) silvestre	mora (f)	['mora]

passa (f)	uvetta (f)	[u'vetta]
figo (m)	fico (m)	['fiko]
tâmara (f)	dattero (m)	['dattero]

amendoim (m)	arachide (f)	[a'rakide]
amêndoa (f)	mandorla (f)	['mandorla]
noz (f)	noce (f)	['notʃe]
avelã (f)	nocciola (f)	[no'tʃola]
coco (m)	noce (f) di cocco	['notʃe di 'kokko]
pistaches (m pl)	pistacchi (m pl)	[pi'stakki]

45. Pão. Bolaria

pastelaria (f)	pasticceria (f)	[pastitʃe'ria]
pão (m)	pane (m)	['pane]
biscoito (m), bolacha (f)	biscotti (m pl)	[bi'skotti]

chocolate (m)	cioccolato (m)	[tʃokko'lato]
de chocolate	al cioccolato	[al tʃokko'lato]
bala (f)	caramella (f)	[kara'mella]
doce (bolo pequeno)	tortina (f)	[tor'tina]
bolo (m) de aniversário	torta (f)	['torta]

| torta (f) | crostata (f) | [kro'stata] |
| recheio (m) | ripieno (m) | [ri'pjeno] |

geleia (m)	marmellata (f)	[marmel'lata]
marmelada (f)	marmellata (f) di agrumi	[marmel'lata di a'grumi]
wafers (m pl)	wafer (m)	['vafer]
sorvete (m)	gelato (m)	[dʒe'lato]
pudim (m)	budino (m)	[bu'dino]

46. Pratos cozinhados

prato (m)	piatto (m)	['pjatto]
cozinha (~ portuguesa)	cucina (f)	[ku'tʃina]
receita (f)	ricetta (f)	[ri'tʃetta]
porção (f)	porzione (f)	[por'tsjone]

salada (f)	insalata (f)	[insa'lata]
sopa (f)	minestra (f)	[mi'nestra]
caldo (m)	brodo (m)	['brodo]
sanduíche (m)	panino (m)	[pa'nino]

ovos (m pl) fritos	uova (f pl) al tegamino	[u'ova al tega'mino]
hambúrguer (m)	hamburger (m)	[am'burger]
bife (m)	bistecca (f)	[bi'stekka]

acompanhamento (m)	contorno (m)	[kon'torno]
espaguete (m)	spaghetti (m pl)	[spa'getti]
purê (m) de batata	purè (m) di patate	[pu're di pa'tate]
pizza (f)	pizza (f)	['pittsa]
mingau (m)	porridge (m)	[por'ridʒe]
omelete (f)	frittata (f)	[frit'tata]

fervido (adj)	bollito	[bol'lito]
defumado (adj)	affumicato	[affumi'kato]
frito (adj)	fritto	['fritto]
seco (adj)	secco	['sekko]
congelado (adj)	congelato	[kondʒe'lato]
em conserva (adj)	sottoaceto	[sottoa'tʃeto]

doce (adj)	dolce	['doltʃe]
salgado (adj)	salato	[sa'lato]
frio (adj)	freddo	['freddo]
quente (adj)	caldo	['kaldo]
amargo (adj)	amaro	[a'maro]
gostoso (adj)	buono, gustoso	[bu'ono], [gu'stozo]

cozinhar em água fervente	cuocere, preparare (vt)	[ku'otʃere], [prepa'rare]
preparar (vt)	cucinare (vi)	[kutʃi'nare]
fritar (vt)	friggere (vt)	['fridʒere]
aquecer (vt)	riscaldare (vt)	[riskal'dare]

salgar (vt)	salare (vt)	[sa'lare]
apimentar (vt)	pepare (vt)	[pe'pare]
ralar (vt)	grattugiare (vt)	[grattu'dʒare]
casca (f)	buccia (f)	['butʃa]
descascar (vt)	sbucciare (vt)	[zbu'tʃare]

47. Especiarias

sal (m)	sale (m)	['sale]
salgado (adj)	salato	[sa'lato]
salgar (vt)	salare (vt)	[sa'lare]

pimenta-do-reino (f)	pepe (m) nero	['pepe 'nero]
pimenta (f) vermelha	peperoncino (m)	[peperon'tʃino]
mostarda (f)	senape (f)	[se'nape]
raiz-forte (f)	cren (m)	['kren]

condimento (m)	condimento (m)	[kondi'mento]
especiaria (f)	spezie (f pl)	['spetsie]
molho (~ inglês)	salsa (f)	['salsa]
vinagre (m)	aceto (m)	[a'tʃeto]

anis estrelado (m)	anice (m)	['anitʃe]
manjericão (m)	basilico (m)	[ba'ziliko]

cravo (m)	**chiodi** (m pl) **di garofano**	['kjodi di ga'rofano]
gengibre (m)	**zenzero** (m)	['dzendzero]
coentro (m)	**coriandolo** (m)	[kori'andolo]
canela (f)	**cannella** (f)	[kan'nella]

gergelim (m)	**sesamo** (m)	[sezamo]
folha (f) de louro	**alloro** (m)	[al'loro]
páprica (f)	**paprica** (f)	['paprika]
cominho (m)	**cumino, comino** (m)	[ku'mino], [ko'mino]
açafrão (m)	**zafferano** (m)	[dzaffe'rano]

48. Refeições

comida (f)	**cibo** (m)	['tʃibo]
comer (vt)	**mangiare** (vi, vt)	[man'dʒare]

café (m) da manhã	**colazione** (f)	[kola'tsjone]
tomar café da manhã	**fare colazione**	['fare kola'tsjone]
almoço (m)	**pranzo** (m)	['prantso]
almoçar (vi)	**pranzare** (vi)	[pran'tsare]
jantar (m)	**cena** (f)	['tʃena]
jantar (vi)	**cenare** (vi)	[tʃe'nare]

apetite (m)	**appetito** (m)	[appe'tito]
Bom apetite!	**Buon appetito!**	[bu'on appe'tito]

abrir (~ uma lata, etc.)	**aprire** (vt)	[a'prire]
derramar (~ líquido)	**rovesciare** (vt)	[rove'ʃare]
derramar-se (vr)	**rovesciarsi** (vi)	[rove'ʃarsi]

ferver (vi)	**bollire** (vi)	[bol'lire]
ferver (vt)	**far bollire**	[far bol'lire]
fervido (adj)	**bollito**	[bol'lito]

esfriar (vt)	**raffreddare** (vt)	[raffred'dare]
esfriar-se (vr)	**raffreddarsi** (vr)	[raffred'darsi]

sabor, gosto (m)	**gusto** (m)	['gusto]
fim (m) de boca	**retrogusto** (m)	[retro'gusto]

emagrecer (vi)	**essere a dieta**	['essere a di'eta]
dieta (f)	**dieta** (f)	[di'eta]
vitamina (f)	**vitamina** (f)	[vita'mina]
caloria (f)	**caloria** (f)	[kalo'ria]

vegetariano (m)	**vegetariano** (m)	[vedʒeta'rjano]
vegetariano (adj)	**vegetariano**	[vedʒeta'rjano]

gorduras (f pl)	**grassi** (m pl)	['grassi]
proteínas (f pl)	**proteine** (f pl)	[prote'ine]
carboidratos (m pl)	**carboidrati** (m pl)	[karboi'drati]
fatia (~ de limão, etc.)	**fetta** (f), **fettina** (f)	['fetta], [fet'tina]
pedaço (~ de bolo)	**pezzo** (m)	['pettso]
migalha (f), farelo (m)	**briciola** (f)	['britʃola]

49. Por a mesa

colher (f)	cucchiaio (m)	[kuk'kjajo]
faca (f)	coltello (m)	[kol'tello]
garfo (m)	forchetta (f)	[for'ketta]

xícara (f)	tazza (f)	['tattsa]
prato (m)	piatto (m)	['pjatto]
pires (m)	piattino (m)	[pjat'tino]
guardanapo (m)	tovagliolo (m)	[tovaʎ'ʎolo]
palito (m)	stuzzicadenti (m)	[stuttsika'denti]

50. Restaurante

restaurante (m)	ristorante (m)	[risto'rante]
cafeteria (f)	caffè (m)	[kaf'fe]
bar (m), cervejaria (f)	pub (m), bar (m)	[pab], [bar]
salão (m) de chá	sala (f) da tè	['sala da 'te]

garçom (m)	cameriere (m)	[kame'rjere]
garçonete (f)	cameriera (f)	[kame'rjera]
barman (m)	barista (m)	[ba'rista]

cardápio (m)	menù (m)	[me'nu]
lista (f) de vinhos	lista (f) dei vini	['lista 'dei 'vini]
reservar uma mesa	prenotare un tavolo	[preno'tare un 'tavolo]

prato (m)	piatto (m)	['pjatto]
pedir (vt)	ordinare (vt)	[ordi'nare]
fazer o pedido	fare un'ordinazione	['fare unordina'tsjone]

aperitivo (m)	aperitivo (m)	[aperi'tivo]
entrada (f)	antipasto (m)	[anti'pasto]
sobremesa (f)	dolce (m)	['doltʃe]

conta (f)	conto (m)	['konto]
pagar a conta	pagare il conto	[pa'gare il 'konto]
dar o troco	dare il resto	['dare il 'resto]
gorjeta (f)	mancia (f)	['mantʃa]

Família, parentes e amigos

51. Informação pessoal. Formulários

nome (m)	nome (m)	['nome]
sobrenome (m)	cognome (m)	[ko'ɲome]
data (f) de nascimento	data (f) di nascita	['data di 'naʃita]
local (m) de nascimento	luogo (m) di nascita	[lu'ogo di 'naʃita]
nacionalidade (f)	nazionalità (f)	[natsjonali'ta]
lugar (m) de residência	domicilio (m)	[domi'tʃilio]
país (m)	paese (m)	[pa'eze]
profissão (f)	professione (f)	[profes'sjone]
sexo (m)	sesso (m)	['sesso]
estatura (f)	statura (f)	[sta'tura]
peso (m)	peso (m)	['pezo]

52. Membros da família. Parentes

mãe (f)	madre (f)	['madre]
pai (m)	padre (m)	['padre]
filho (m)	figlio (m)	['fiʎʎo]
filha (f)	figlia (f)	['fiʎʎa]
caçula (f)	figlia (f) minore	['fiʎʎa mi'nore]
caçula (m)	figlio (m) minore	['fiʎʎo mi'nore]
filha (f) mais velha	figlia (f) maggiore	['fiʎʎa ma'dʒore]
filho (m) mais velho	figlio (m) maggiore	['fiʎʎo ma'dʒore]
irmão (m)	fratello (m)	[fra'tello]
irmã (f)	sorella (f)	[so'rella]
primo (m)	cugino (m)	[ku'dʒino]
prima (f)	cugina (f)	[ku'dʒina]
mamãe (f)	mamma (f)	['mamma]
papai (m)	papà (m)	[pa'pa]
pais (pl)	genitori (m pl)	[dʒeni'tori]
criança (f)	bambino (m)	[bam'bino]
crianças (f pl)	bambini (m pl)	[bam'bini]
avó (f)	nonna (f)	['nonna]
avô (m)	nonno (m)	['nonno]
neto (m)	nipote (m)	[ni'pote]
neta (f)	nipote (f)	[ni'pote]
netos (pl)	nipoti (pl)	[ni'poti]
tio (m)	zio (m)	['tsio]
tia (f)	zia (f)	['tsia]

| sobrinho (m) | nipote (m) | [ni'pote] |
| sobrinha (f) | nipote (f) | [ni'pote] |

sogra (f)	suocera (f)	[su'otʃera]
sogro (m)	suocero (m)	[su'otʃero]
genro (m)	genero (m)	['dʒenero]
madrasta (f)	matrigna (f)	[ma'triɲa]
padrasto (m)	patrigno (m)	[pa'triɲo]

criança (f) de colo	neonato (m)	[neo'nato]
bebê (m)	infante (m)	[in'fante]
menino (m)	bimbo (m)	['bimbo]

mulher (f)	moglie (f)	['moʎʎe]
marido (m)	marito (m)	[ma'rito]
esposo (m)	coniuge (m)	['konjudʒe]
esposa (f)	coniuge (f)	['konjudʒe]

casado (adj)	sposato	[spo'zato]
casada (adj)	sposata	[spo'zata]
solteiro (adj)	celibe	['tʃelibe]
solteirão (m)	scapolo (m)	['skapolo]
divorciado (adj)	divorziato	[divortsi'ato]
viúva (f)	vedova (f)	['vedova]
viúvo (m)	vedovo (m)	['vedovo]

parente (m)	parente (m)	[pa'rente]
parente (m) próximo	parente (m) stretto	[pa'rente 'stretto]
parente (m) distante	parente (m) lontano	[pa'rente lon'tano]
parentes (m pl)	parenti (m pl)	[pa'renti]

órfão (m)	orfano (m)	['orfano]
órfã (f)	orfana (f)	['orfana]
tutor (m)	tutore (m)	[tu'tore]
adotar (um filho)	adottare (vt)	[adot'tare]
adotar (uma filha)	adottare (vt)	[adot'tare]

53. Amigos. Colegas de trabalho

amigo (m)	amico (m)	[a'miko]
amiga (f)	amica (f)	[a'mika]
amizade (f)	amicizia (f)	[ami'tʃitsia]
ser amigos	essere amici	['essere a'mitʃi]

amigo (m)	amico (m)	[a'miko]
amiga (f)	amica (f)	[a'mika]
parceiro (m)	partner (m)	['partner]

chefe (m)	capo (m)	['kapo]
superior (m)	capo (m), superiore (m)	['kapo], [supe'rjore]
subordinado (m)	subordinato (m)	[subordi'nato]
colega (m, f)	collega (f)	[kol'lega]
conhecido (m)	conoscente (m)	[kono'ʃente]
companheiro (m) de viagem	compagno (m) di viaggio	[kom'paɲo di 'vjadʒo]

colega (m) de classe	compagno (m) di classe	[kom'paɲo di 'klasse]
vizinho (m)	vicino (m)	[vi'tʃino]
vizinha (f)	vicina (f)	[vi'tʃina]
vizinhos (pl)	vicini (m pl)	[vi'tʃini]

54. Homem. Mulher

mulher (f)	donna (f)	['donna]
menina (f)	ragazza (f)	[ra'gattsa]
noiva (f)	sposa (f)	['spoza]

bonita, bela (adj)	bella	['bella]
alta (adj)	alta	['alta]
esbelta (adj)	snella	['znella]
baixa (adj)	bassa	['bassa]

| loira (f) | bionda (f) | ['bjonda] |
| morena (f) | bruna (f) | ['bruna] |

de senhora	da donna	[da 'donna]
virgem (f)	vergine (f)	['verdʒine]
grávida (adj)	incinta	[in'tʃinta]

homem (m)	uomo (m)	[u'omo]
loiro (m)	biondo (m)	['bjondo]
moreno (m)	bruno (m)	['bruno]
alto (adj)	alto	['alto]
baixo (adj)	basso	['basso]

rude (adj)	sgarbato	[sgar'bato]
atarracado (adj)	tozzo	['tottso]
robusto (adj)	robusto	[ro'busto]
forte (adj)	forte	['forte]
força (f)	forza (f)	['fortsa]

gordo (adj)	grasso	['grasso]
moreno (adj)	bruno	['bruno]
esbelto (adj)	snello	['znello]
elegante (adj)	elegante	[ele'gante]

55. Idade

idade (f)	età (f)	[e'ta]
juventude (f)	giovinezza (f)	[dʒovi'nettsa]
jovem (adj)	giovane	['dʒovane]

| mais novo (adj) | più giovane | [pju 'dʒovane] |
| mais velho (adj) | più vecchio | [pju 'vekkio] |

jovem (m)	giovane (m)	['dʒovane]
adolescente (m)	adolescente (m, f)	[adole'ʃente]
rapaz (m)	ragazzo (m)	[ra'gattso]

| velho (m) | vecchio (m) | ['vekkio] |
| velha (f) | vecchia (f) | ['vekkia] |

adulto	adulto (m)	[a'dulto]
de meia-idade	di mezza età	[di 'meddza e'ta]
idoso, de idade (adj)	anziano	[an'tsjano]
velho (adj)	vecchio	['vekkio]

aposentadoria (f)	pensionamento (m)	[pensjona'mento]
aposentar-se (vr)	andare in pensione	[an'dare in pen'sjone]
aposentado (m)	pensionato (m)	[pensjo'nato]

56. Crianças

criança (f)	bambino (m)	[bam'bino]
crianças (f pl)	bambini (m pl)	[bam'bini]
gêmeos (m pl), gêmeas (f pl)	gemelli (m pl)	[dʒe'melli]

berço (m)	culla (f)	['kulla]
chocalho (m)	sonaglio (m)	[so'naʎʎo]
fralda (f)	pannolino (m)	[panno'lino]

chupeta (f), bico (m)	tettarella (f)	[tetta'rella]
carrinho (m) de bebê	carrozzina (f)	[karrot'tsina]
jardim (m) de infância	scuola (f) materna	['skwola ma'terna]
babysitter, babá (f)	baby-sitter (f)	[bebi'siter]

infância (f)	infanzia (f)	[in'fantsia]
boneca (f)	bambola (f)	['bambola]
brinquedo (m)	giocattolo (m)	[dʒo'kattolo]
jogo (m) de montar	gioco (m) di costruzione	['dʒoko di konstru'tsjone]

bem-educado (adj)	educato	[edu'kato]
malcriado (adj)	maleducato	[maledu'kato]
mimado (adj)	viziato	[vitsi'ato]

ser travesso	essere disubbidiente	['essere dizubi'djente]
travesso, traquinas (adj)	birichino	[biri'kino]
travessura (f)	birichinata (f)	[biriki'nata]
criança (f) travessa	monello (m)	[mo'nello]

| obediente (adj) | ubbidiente | [ubidi'ente] |
| desobediente (adj) | disubbidiente | [dizubi'djente] |

dócil (adj)	docile	['dotʃile]
inteligente (adj)	intelligente	[intelli'dʒente]
prodígio (m)	bambino (m) prodigio	[bam'bino pro'didʒo]

57. Casais. Vida de família

| beijar (vt) | baciare (vt) | [ba'tʃare] |
| beijar-se (vr) | baciarsi (vr) | [ba'tʃarsi] |

família (f)	**famiglia** (f)	[fa'miʎʎa]
familiar (vida ~)	**familiare**	[fami'ljare]
casal (m)	**coppia** (f)	['koppia]
matrimônio (m)	**matrimonio** (m)	[matri'monio]
lar (m)	**focolare** (m) **domestico**	[foko'lare do'mestiko]
dinastia (f)	**dinastia** (f)	[dina'stia]
encontro (m)	**appuntamento** (m)	[appunta'mento]
beijo (m)	**bacio** (m)	['batʃo]
amor (m)	**amore** (m)	[a'more]
amar (pessoa)	**amare**	[a'mare]
amado, querido (adj)	**amato**	[a'mato]
ternura (f)	**tenerezza** (f)	[tene'rettsa]
afetuoso (adj)	**dolce, tenero**	['doltʃe], ['tenero]
fidelidade (f)	**fedeltà** (f)	[fedel'ta]
fiel (adj)	**fedele**	[fe'dele]
cuidado (m)	**premura** (f)	[pre'mura]
carinhoso (adj)	**premuroso**	[premu'rozo]
recém-casados (pl)	**sposi** (m pl) **novelli**	['spozi no'velli]
lua (f) de mel	**luna** (f) **di miele**	['luna di 'mjele]
casar-se (com um homem)	**sposarsi** (vr)	[spo'zarsi]
casar-se (com uma mulher)	**sposarsi** (vr)	[spo'zarsi]
casamento (m)	**nozze** (f pl)	['nottse]
bodas (f pl) de ouro	**nozze** (f pl) **d'oro**	['nottse 'doro]
aniversário (m)	**anniversario** (m)	[anniver'sario]
amante (m)	**amante** (m)	[a'mante]
amante (f)	**amante** (f)	[a'mante]
adultério (m), traição (f)	**adulterio** (m)	[adul'terio]
cometer adultério	**tradire**	[tra'dire]
ciumento (adj)	**geloso**	[dʒe'lozo]
ser ciumento, -a	**essere geloso**	['essere dʒe'lozo]
divórcio (m)	**divorzio** (m)	[di'vortsio]
divorciar-se (vr)	**divorziare** (vi)	[divor'tsjare]
brigar (discutir)	**litigare** (vi)	[liti'gare]
fazer as pazes	**fare pace**	['fare 'patʃe]
juntos (ir ~)	**insieme**	[in'sjeme]
sexo (m)	**sesso** (m)	['sesso]
felicidade (f)	**felicità** (f)	[felitʃi'ta]
feliz (adj)	**felice**	[fe'litʃe]
infelicidade (f)	**disgrazia** (f)	[dis'gratsia]
infeliz (adj)	**infelice**	[infe'litʃe]

Caráter. Sentimentos. Emoções

58. Sentimentos. Emoções

sentimento (m)	sentimento (m)	[senti'mento]
sentimentos (m pl)	sentimenti (m pl)	[senti'menti]
sentir (vt)	sentire (vt)	[sen'tire]
fome (f)	fame (f)	['fame]
ter fome	avere fame	[a'vere 'fame]
sede (f)	sete (f)	['sete]
ter sede	avere sete	[a'vere 'sete]
sonolência (f)	sonnolenza (f)	[sonno'lentsa]
estar sonolento	avere sonno	[a'vere 'sonno]
cansaço (m)	stanchezza (f)	[staŋ'kettsa]
cansado (adj)	stanco	['stanko]
ficar cansado	stancarsi (vr)	[stan'karsi]
humor (m)	umore (m)	[u'more]
tédio (m)	noia (f)	['noja]
entediar-se (vr)	annoiarsi (vr)	[anno'jarsi]
reclusão (isolamento)	isolamento (f)	[izola'mento]
isolar-se (vr)	isolarsi (vr)	[izo'larsi]
preocupar (vt)	preoccupare (vt)	[preokku'pare]
estar preocupado	essere preoccupato	['essere preokku'pato]
preocupação (f)	agitazione (f)	[adʒita'tsjone]
ansiedade (f)	preoccupazione (f)	[preokkupa'tsjone]
preocupado (adj)	preoccupato	[preokku'pato]
estar nervoso	essere nervoso	['essere ner'vozo]
entrar em pânico	andare in panico	[an'dare in 'paniko]
esperança (f)	speranza (f)	[spe'rantsa]
esperar (vt)	sperare (vi, vt)	[spe'rare]
certeza (f)	certezza (f)	[tʃer'tettsa]
certo, seguro de ...	sicuro	[si'kuro]
indecisão (f)	incertezza (f)	[intʃer'tettsa]
indeciso (adj)	incerto	[in'tʃerto]
bêbado (adj)	ubriaco	[ubri'ako]
sóbrio (adj)	sobrio	['sobrio]
fraco (adj)	debole	['debole]
feliz (adj)	fortunato	[fortu'nato]
assustar (vt)	spaventare (vt)	[spaven'tare]
fúria (f)	rabbia (f)	['rabbia]
ira, raiva (f)	rabbia (f)	['rabbia]
depressão (f)	depressione (f)	[depres'sjone]
desconforto (m)	disagio (m)	[di'zadʒo]

conforto (m)	conforto (m)	[kon'forto]
arrepender-se (vr)	rincrescere (vi)	[rin'kreʃere]
arrependimento (m)	rincrescimento (m)	[rinkreʃi'mento]
azar (m), má sorte (f)	sfortuna (f)	[sfor'tuna]
tristeza (f)	tristezza (f)	[tri'stettsa]
vergonha (f)	vergogna (f)	[ver'goɲa]
alegria (f)	allegria (f)	[alle'gria]
entusiasmo (m)	entusiasmo (m)	[entu'zjazmo]
entusiasta (m)	entusiasta (m)	[entu'zjasta]
mostrar entusiasmo	mostrare entusiasmo	[mo'strare entu'zjazmo]

59. Caráter. Personalidade

caráter (m)	carattere (m)	[ka'rattere]
falha (f) de caráter	difetto (m)	[di'fetto]
mente (f)	mente (f)	['mente]
razão (f)	intelletto (m)	[intel'letto]
consciência (f)	coscienza (f)	[ko'ʃentsa]
hábito, costume (m)	abitudine (f)	[abi'tudine]
habilidade (f)	capacità (f)	[kapaʧi'ta]
saber (~ nadar, etc.)	sapere (vt)	[sa'pere]
paciente (adj)	paziente	[pa'tsjente]
impaciente (adj)	impaziente	[impa'tsjente]
curioso (adj)	curioso	[ku'rjozo]
curiosidade (f)	curiosità (f)	[kuriozi'ta]
modéstia (f)	modestia (f)	[mo'destia]
modesto (adj)	modesto	[mo'desto]
imodesto (adj)	immodesto	[immo'desto]
preguiça (f)	pigrizia (f)	[pi'gritsia]
preguiçoso (adj)	pigro	['pigro]
preguiçoso (m)	poltrone (m)	[pol'trone]
astúcia (f)	furberia (f)	[furbe'ria]
astuto (adj)	furbo	['furbo]
desconfiança (f)	diffidenza (f)	[diffi'dentsa]
desconfiado (adj)	diffidente	[diffi'dente]
generosidade (f)	generosità (f)	[ʤenerozi'ta]
generoso (adj)	generoso	[ʤene'rozo]
talentoso (adj)	di talento	[di ta'lento]
talento (m)	talento (m)	[ta'lento]
corajoso (adj)	coraggioso	[kora'ʤozo]
coragem (f)	coraggio (m)	[ko'raʤo]
honesto (adj)	onesto	[o'nesto]
honestidade (f)	onestà (f)	[one'sta]
prudente, cuidadoso (adj)	prudente	[pru'dente]
valoroso (adj)	valoroso	[valo'rozo]

sério (adj)	serio	['serio]
severo (adj)	severo	[se'vero]

decidido (adj)	deciso	[de'tʃizo]
indeciso (adj)	indeciso	[inde'tʃizo]
tímido (adj)	timido	['timido]
timidez (f)	timidezza (f)	[timi'dettsa]

confiança (f)	fiducia (f)	[fi'dutʃa]
confiar (vt)	fidarsi (vr)	[fi'darsi]
crédulo (adj)	fiducioso	[fidu'tʃozo]

sinceramente	sinceramente	[sintʃera'mente]
sincero (adj)	sincero	[sin'tʃero]
sinceridade (f)	sincerità (f)	[sintʃeri'ta]
aberto (adj)	aperto	[a'perto]

calmo (adj)	tranquillo	[tran'kwillo]
franco (adj)	sincero	[sin'tʃero]
ingênuo (adj)	ingenuo	[in'dʒenuo]
distraído (adj)	distratto	[di'stratto]
engraçado (adj)	buffo	['buffo]

ganância (f)	avidità (f)	[avidi'ta]
ganancioso (adj)	avido	['avido]
avarento, sovina (adj)	avaro	[a'varo]
mal (adj)	cattivo	[kat'tivo]
teimoso (adj)	testardo	[te'stardo]
desagradável (adj)	antipatico	[anti'patiko]

egoísta (m)	egoista (m)	[ego'ista]
egoísta (adj)	egoistico	[ego'istiko]
covarde (m)	codardo (m)	[ko'dardo]
covarde (adj)	codardo	[ko'dardo]

60. O sono. Sonhos

dormir (vi)	dormire (vi)	[dor'mire]
sono (m)	sonno (m)	['sonno]
sonho (m)	sogno (m)	['soɲo]
sonhar (ver sonhos)	sognare (vi)	[so'ɲare]
sonolento (adj)	sonnolento	[sonno'lento]

cama (f)	letto (m)	['letto]
colchão (m)	materasso (m)	[mate'rasso]
cobertor (m)	coperta (f)	[ko'perta]
travesseiro (m)	cuscino (m)	[ku'ʃino]
lençol (m)	lenzuolo (m)	[lentsu'olo]

insônia (f)	insonnia (f)	[in'sonnia]
sem sono (adj)	insonne	[in'sonne]
sonífero (m)	sonnifero (m)	[son'nifero]
tomar um sonífero	prendere il sonnifero	['prendere il son'nifero]
estar sonolento	avere sonno	[a'vere 'sonno]

bocejar (vi)	sbadigliare (vi)	[zbadiʎ'ʎare]
ir para a cama	andare a letto	[an'dare a 'letto]
fazer a cama	fare il letto	['fare il 'letto]
adormecer (vi)	addormentarsi (vr)	[addormen'tarsi]

pesadelo (m)	incubo (m)	['inkubo]
ronco (m)	russare (m)	[rus'sare]
roncar (vi)	russare (vi)	[rus'sare]

despertador (m)	sveglia (f)	['zveʎʎa]
acordar, despertar (vt)	svegliare (vt)	[zveʎ'ʎare]
acordar (vi)	svegliarsi (vr)	[zveʎ'ʎarsi]
levantar-se (vr)	alzarsi (vr)	[al'tsarsi]
lavar-se (vr)	lavarsi (vr)	[la'varsi]

61. Humor. Riso. Alegria

humor (m)	umorismo (m)	[umo'rizmo]
senso (m) de humor	senso (m) dello humour	['senso 'dello u'mur]
divertir-se (vr)	divertirsi (vr)	[diver'tirsi]
alegre (adj)	allegro	[al'legro]
diversão (f)	allegria (f)	[alle'gria]

sorriso (m)	sorriso (m)	[sor'rizo]
sorrir (vi)	sorridere (vi)	[sor'ridere]
começar a rir	mettersi a ridere	['mettersi a 'ridere]
rir (vi)	ridere (vi)	['ridere]
riso (m)	riso (m)	['rizo]

anedota (f)	aneddoto (m)	[a'neddoto]
engraçado (adj)	divertente	[diver'tente]
ridículo, cômico (adj)	ridicolo	[ri'dikolo]

brincar (vi)	scherzare (vi)	[sker'tsare]
piada (f)	scherzo (m)	['skertso]
alegria (f)	gioia (f)	['dʒoja]
regozijar-se (vr)	rallegrarsi (vr)	[ralle'grarsi]
alegre (adj)	allegro	[al'legro]

62. Discussão, conversação. Parte 1

comunicação (f)	comunicazione (f)	[komunika'tsjone]
comunicar-se (vr)	comunicare (vi)	[komuni'kare]

conversa (f)	conversazione (f)	[konversa'tsjone]
diálogo (m)	dialogo (m)	[di'alogo]
discussão (f)	discussione (f)	[diskus'sjone]
debate (m)	dibattito (m)	[di'battito]
debater (vt)	discutere (vi)	[di'skutere]

interlocutor (m)	interlocutore (m)	[interloku'tore]
tema (m)	tema (m)	['tema]

ponto (m) de vista	punto (m) di vista	['punto di 'vista]
opinião (f)	opinione (f)	[opi'njone]
discurso (m)	discorso (m)	[di'skorso]

discussão (f)	discussione (f)	[diskus'sjone]
discutir (vt)	discutere (vt)	[di'skutere]
conversa (f)	conversazione (f)	[konversa'tsjone]
conversar (vi)	conversare (vi)	[konver'sare]
reunião (f)	incontro (m)	[in'kontro]
encontrar-se (vr)	incontrarsi (vr)	[inkon'trarsi]

provérbio (m)	proverbio (m)	[pro'verbio]
ditado, provérbio (m)	detto (m)	['detto]
adivinha (f)	indovinello (m)	[indovi'nello]
dizer uma adivinha	fare un indovinello	['fare un indovi'nello]
senha (f)	parola (f) d'ordine	[pa'rola 'dordine]
segredo (m)	segreto (m)	[se'greto]

juramento (m)	giuramento (m)	[dʒura'mento]
jurar (vi)	giurare (vi)	[dʒu'rare]
promessa (f)	promessa (f)	[pro'messa]
prometer (vt)	promettere (vt)	[pro'mettere]

conselho (m)	consiglio (m)	[kon'siʎʎo]
aconselhar (vt)	consigliare (vt)	[konsiʎ'ʎare]
escutar (~ os conselhos)	ubbidire (vi)	[ubi'dire]

novidade, notícia (f)	notizia (f)	[no'titsia]
sensação (f)	sensazione (f)	[sensa'tsjone]
informação (f)	informazioni (f pl)	[informa'tsjoni]
conclusão (f)	conclusione (f)	[konklu'zjone]
voz (f)	voce (f)	['votʃe]
elogio (m)	complimento (m)	[kompli'mento]
amável, querido (adj)	gentile	[dʒen'tile]

palavra (f)	parola (f)	[pa'rola]
frase (f)	frase (f)	['fraze]
resposta (f)	risposta (f)	[ris'posta]

verdade (f)	verità (f)	[veri'ta]
mentira (f)	menzogna (f)	[men'tsoɲa]

pensamento (m)	pensiero (m)	[pen'sjero]
ideia (f)	idea (f), pensiero (m)	[i'dea], [pen'sjero]
fantasia (f)	fantasia (f)	[fanta'zia]

63. Discussão, conversação. Parte 2

estimado, respeitado (adj)	rispettato	[rispet'tato]
respeitar (vt)	rispettare (vt)	[rispet'tare]
respeito (m)	rispetto (m)	[ris'petto]
Estimado ..., Caro ...	Egregio ...	[e'gredʒo]
apresentar (alguém a alguém)	presentare (vt)	[prezen'tare]

intenção (f)	**intenzione** (f)	[inten'tsjone]
tencionar (~ fazer algo)	**avere intenzione**	[a'vere inten'tsjone]
desejo (de boa sorte)	**augurio** (m)	[au'gurio]
desejar (ex. ~ boa sorte)	**augurare** (vt)	[augu'rare]
surpresa (f)	**sorpresa** (f)	[sor'preza]
surpreender (vt)	**sorprendere** (vt)	[sor'prendere]
surpreender-se (vr)	**stupirsi** (vr)	[stu'pirsi]
dar (vt)	**dare** (vt)	['dare]
pegar (tomar)	**prendere** (vt)	['prendere]
devolver (vt)	**rendere** (vt)	['rendere]
retornar (vt)	**restituire** (vt)	[restitu'ire]
desculpar-se (vr)	**scusarsi** (vr)	[sku'zarsi]
desculpa (f)	**scusa** (f)	['skuza]
perdoar (vt)	**perdonare** (vt)	[perdo'nare]
falar (vi)	**parlare** (vi, vt)	[par'lare]
escutar (vt)	**ascoltare** (vi)	[askol'tare]
ouvir até o fim	**ascoltare fino in fondo**	[askol'tare 'fino in 'fondo]
entender (compreender)	**capire** (vt)	[ka'pire]
mostrar (vt)	**mostrare** (vt)	[mo'strare]
olhar para ...	**guardare** (vt)	[gwar'dare]
chamar (alguém para ...)	**chiamare** (vt)	[kja'mare]
perturbar (vt)	**disturbare** (vt)	[distur'bare]
entregar (~ em mãos)	**consegnare** (vt)	[konse'ɲare]
pedido (m)	**richiesta** (f)	[ri'kjesta]
pedir (ex. ~ ajuda)	**chiedere** (vt)	['kjedere]
exigência (f)	**esigenza** (f)	[ezi'dʒentsa]
exigir (vt)	**esigere** (vt)	[e'zidʒere]
insultar (chamar nomes)	**stuzzicare** (vt)	[stuttsi'kare]
zombar (vt)	**canzonare** (vt)	[kantso'nare]
zombaria (f)	**burla** (f), **beffa** (f)	['burla], ['beffa]
alcunha (f), apelido (m)	**soprannome** (m)	[sopran'nome]
insinuação (f)	**allusione** (f)	[allu'zjone]
insinuar (vt)	**alludere** (vi)	[al'ludere]
querer dizer	**intendere** (vt)	[in'tendere]
descrição (f)	**descrizione** (f)	[deskri'tsjone]
descrever (vt)	**descrivere** (vt)	[de'skrivere]
elogio (m)	**lode** (f)	['lode]
elogiar (vt)	**lodare** (vt)	[lo'dare]
desapontamento (m)	**delusione** (f)	[delu'zjone]
desapontar (vt)	**deludere** (vt)	[de'ludere]
desapontar-se (vr)	**rimanere deluso**	[rima'nere de'luzo]
suposição (f)	**supposizione** (f)	[suppozi'tsjone]
supor (vt)	**supporre** (vt)	[sup'porre]
advertência (f)	**avvertimento** (m)	[avverti'mento]
advertir (vt)	**avvertire** (vt)	[avver'tire]

64. Discussão, conversação. Parte 3

convencer (vt)	persuadere (vt)	[persua'dere]
acalmar (vt)	tranquillizzare (vt)	[trankwillid'dzare]
silêncio (o ~ é de ouro)	silenzio (m)	[si'lentsio]
ficar em silêncio	tacere (vi)	[ta'tʃere]
sussurrar (vt)	sussurrare (vt)	[sussur'rare]
sussurro (m)	sussurro (m)	[sus'surro]
francamente	francamente	[franka'mente]
na minha opinião ...	secondo me ...	[se'kondo me]
detalhe (~ da história)	dettaglio (m)	[det'taʎʎo]
detalhado (adj)	dettagliato	[dettaʎ'ʎato]
detalhadamente	dettagliatamente	[dettaʎʎata'mente]
dica (f)	suggerimento (m)	[sudʒeri'mento]
dar uma dica	suggerire (vt)	[sudʒe'rire]
olhar (m)	sguardo (m)	['zgwardo]
dar uma olhada	gettare uno sguardo	[dʒet'tare 'uno 'zgwardo]
fixo (olhada ~a)	fisso	['fisso]
piscar (vi)	battere le palpebre	['battere le 'palpebre]
piscar (vt)	ammiccare (vi)	[ammik'kare]
acenar com a cabeça	accennare col capo	[atʃen'nare kol 'kapo]
suspiro (m)	sospiro (m)	[sos'piro]
suspirar (vi)	sospirare (vi)	[sospi'rare]
estremecer (vi)	sussultare (vi)	[sussul'tare]
gesto (m)	gesto (m)	['dʒesto]
tocar (com as mãos)	toccare (vt)	[tok'kare]
agarrar (~ pelo braço)	afferrare (vt)	[affer'rare]
bater de leve	picchiettare (vt)	[pikjet'tare]
Cuidado!	Attenzione!	[atten'tsjone]
Sério?	Davvero?	[dav'vero]
Tem certeza?	Sei sicuro?	[sej si'kuro]
Boa sorte!	Buona fortuna!	[bu'ona for'tuna]
Entendi!	Capito!	[ka'pito]
Que pena!	Peccato!	[pek'kato]

65. Acordo. Recusa

consentimento (~ mútuo)	accordo (m)	[ak'kordo]
consentir (vi)	essere d'accordo	['essere dak'kordo]
aprovação (f)	approvazione (f)	[approva'tsjone]
aprovar (vt)	approvare (vt)	[appro'vare]
recusa (f)	rifiuto (m)	[ri'fjuto]
negar-se a ...	rifiutarsi (vr)	[rifju'tarsi]
Ótimo!	Perfetto!	[per'fetto]
Tudo bem!	Va bene!	[va 'bene]

Está bem! De acordo!	**D'accordo!**	[dak'kordo]
proibido (adj)	**vietato, proibito**	[vje'tato], [proi'bito]
é proibido	**è proibito**	[e proi'bito]
é impossível	**è impossibile**	[e impos'sibile]
incorreto (adj)	**sbagliato**	[zbaʎ'ʎato]
rejeitar (~ um pedido)	**respingere** (vt)	[re'spindʒere]
apoiar (vt)	**sostenere** (vt)	[soste'nere]
aceitar (desculpas, etc.)	**accettare** (vt)	[atʃet'tare]
confirmar (vt)	**confermare** (vt)	[konfer'mare]
confirmação (f)	**conferma** (f)	[kon'ferma]
permissão (f)	**permesso** (m)	[per'messo]
permitir (vt)	**permettere** (vt)	[per'mettere]
decisão (f)	**decisione** (f)	[detʃi'zjone]
não dizer nada	**non dire niente**	[non 'dire 'njente]
condição (com uma ~)	**condizione** (f)	[kondi'tsjone]
pretexto (m)	**pretesto** (m)	[pre'testo]
elogio (m)	**lode** (f)	['lode]
elogiar (vt)	**lodare** (vt)	[lo'dare]

66. Sucesso. Boa sorte. Insucesso

êxito, sucesso (m)	**successo** (m)	[su'tʃesso]
com êxito	**con successo**	[kon su'tʃesso]
bem sucedido (adj)	**ben riuscito**	[ben riu'ʃito]
sorte (fortuna)	**fortuna** (f)	[for'tuna]
Boa sorte!	**Buona fortuna!**	[bu'ona for'tuna]
de sorte	**felice, fortunato**	[fe'litʃe], [fortu'nato]
sortudo, felizardo (adj)	**fortunato**	[fortu'nato]
fracasso (m)	**fiasco** (m)	[fi'asko]
pouca sorte (f)	**disdetta** (f)	[diz'detta]
azar (m), má sorte (f)	**sfortuna** (f)	[sfor'tuna]
mal sucedido (adj)	**fallito**	[fal'lito]
catástrofe (f)	**disastro** (m)	[di'zastro]
orgulho (m)	**orgoglio** (m)	[or'goʎʎo]
orgulhoso (adj)	**orgoglioso**	[orgoʎ'ʎozo]
estar orgulhoso, -a	**essere fiero di ...**	['essere 'fjero di]
vencedor (m)	**vincitore** (m)	[vintʃi'tore]
vencer (vi, vt)	**vincere** (vi)	['vintʃere]
perder (vt)	**perdere** (vi)	['perdere]
tentativa (f)	**tentativo** (m)	[tenta'tivo]
tentar (vt)	**tentare** (vi)	[ten'tare]
chance (m)	**chance** (f)	[ʃans]

67. Conflitos. Emoções negativas

grito (m)	**grido** (m)	['grido]
gritar (vi)	**gridare** (vi)	[gri'dare]

começar a gritar	mettersi a gridare	['mettersi a gri'dare]
discussão (f)	litigio (m)	[li'tidʒo]
brigar (discutir)	litigare (vi)	[liti'gare]
escândalo (m)	lite (f)	['lite]
criar escândalo	litigare (vi)	[liti'gare]
conflito (m)	conflitto (m)	[kon'flitto]
mal-entendido (m)	fraintendimento (m)	[fraintendi'mento]

insulto (m)	insulto (m)	[in'sulto]
insultar (vt)	insultare (vt)	[insul'tare]
insultado (adj)	offeso	[ofˈfezo]
ofensa (f)	offesa (f)	[ofˈfeza]
ofender (vt)	offendere (vt)	[ofˈfendere]
ofender-se (vr)	offendersi (vr)	[ofˈfendersi]

indignação (f)	indignazione (f)	[indiɲa'tsjone]
indignar-se (vr)	indignarsi (vr)	[indi'ɲarsi]
queixa (f)	lamentela (f)	[lamen'tela]
queixar-se (vr)	lamentarsi (vr)	[lamen'tarsi]

desculpa (f)	scusa (f)	['skuza]
desculpar-se (vr)	scusarsi (vr)	[sku'zarsi]
pedir perdão	chiedere scusa	['kjedere 'skuza]

crítica (f)	critica (f)	['kritika]
criticar (vt)	criticare (vt)	[kriti'kare]
acusação (f)	accusa (f)	[ak'kuza]
acusar (vt)	accusare (vt)	[akku'zare]

vingança (f)	vendetta (f)	[ven'detta]
vingar (vt)	vendicare (vt)	[vendi'kare]
vingar-se de	vendicarsi (vr)	[vendi'karsi]

desprezo (m)	disprezzo (m)	[dis'prettso]
desprezar (vt)	disprezzare (vt)	[dispret'tsare]
ódio (m)	odio (m)	['odio]
odiar (vt)	odiare (vt)	[odi'are]

nervoso (adj)	nervoso	[ner'vozo]
estar nervoso	essere nervoso	['essere ner'vozo]
zangado (adj)	arrabbiato	[arrab'bjato]
zangar (vt)	fare arrabbiare	['fare arrab'bjare]

humilhação (f)	umiliazione (f)	[umilja'tsjone]
humilhar (vt)	umiliare (vt)	[umi'ljare]
humilhar-se (vr)	umiliarsi (vr)	[umi'ljarsi]

| choque (m) | shock (m) | [ʃok] |
| chocar (vt) | scandalizzare (vt) | [skandalid'dzare] |

| aborrecimento (m) | problema (m) | [pro'blema] |
| desagradável (adj) | spiacevole | [spja'tʃevole] |

medo (m)	spavento (m), paura (f)	[spa'vento], [pa'ura]
terrível (tempestade, etc.)	terribile	[ter'ribile]
assustador (ex. história ~a)	spaventoso	[spaven'toso]

horror (m)	**orrore** (m)	[or'rore]
horrível (crime, etc.)	**orrendo**	[orrendo]
começar a tremer	**cominciare a tremare**	[komin'tʃare a tre'mare]
chorar (vi)	**piangere** (vi)	['pjandʒere]
começar a chorar	**mettersi a piangere**	['mettersi a 'pjandʒere]
lágrima (f)	**lacrima** (f)	['lakrima]
falta (f)	**colpa** (f)	['kolpa]
culpa (f)	**senso** (m) **di colpa**	['senso di 'kolpa]
desonra (f)	**vergogna** (f)	[ver'goɲa]
protesto (m)	**protesta** (f)	[pro'testa]
estresse (m)	**stress** (m)	['stress]
perturbar (vt)	**disturbare** (vt)	[distur'bare]
zangar-se com ...	**essere arrabbiato**	['essere arrab'bjato]
zangado (irritado)	**arrabbiato**	[arrab'bjato]
terminar (vt)	**porre fine a ...**	['porre 'fine a]
praguejar	**rimproverare** (vt)	[rimprove'rare]
assustar-se	**spaventarsi** (vr)	[spaven'tarsi]
golpear (vt)	**colpire** (vt)	[kol'pire]
brigar (na rua, etc.)	**picchiarsi** (vr)	[pik'kjarsi]
resolver (o conflito)	**regolare** (vt)	[rego'lare]
descontente (adj)	**scontento**	[skon'tento]
furioso (adj)	**furioso**	[fu'rjozo]
Não está bem!	**Non sta bene!**	[non sta 'bene]
É ruim!	**Fa male!**	[fa 'male]

Medicina

68. Doenças

doença (f)	malattia (f)	[malat'tia]
estar doente	essere malato	['essere ma'lato]
saúde (f)	salute (f)	[sa'lute]
nariz (m) escorrendo	raffreddore (m)	[raffred'dore]
amigdalite (f)	tonsillite (f)	[tonsil'lite]
resfriado (m)	raffreddore (m)	[raffred'dore]
ficar resfriado	raffreddarsi (vr)	[raffred'darsi]
bronquite (f)	bronchite (f)	[bron'kite]
pneumonia (f)	polmonite (f)	[polmo'nite]
gripe (f)	influenza (f)	[influ'entsa]
míope (adj)	miope	['miope]
presbita (adj)	presbite	['prezbite]
estrabismo (m)	strabismo (m)	[stra'bizmo]
estrábico, vesgo (adj)	strabico	['strabiko]
catarata (f)	cateratta (f)	[kate'ratta]
glaucoma (m)	glaucoma (m)	[glau'koma]
AVC (m), apoplexia (f)	ictus (m) cerebrale	['iktus tʃere'brale]
ataque (m) cardíaco	attacco (m) di cuore	[at'tako di ku'ore]
enfarte (m) do miocárdio	infarto (m) miocardico	[in'farto miokar'diko]
paralisia (f)	paralisi (f)	[pa'ralizi]
paralisar (vt)	paralizzare (vt)	[paralid'dzare]
alergia (f)	allergia (f)	[aller'dʒia]
asma (f)	asma (f)	['azma]
diabetes (f)	diabete (m)	[dia'bete]
dor (f) de dente	mal (m) di denti	[mal di 'denti]
cárie (f)	carie (f)	['karie]
diarreia (f)	diarrea (f)	[diar'rea]
prisão (f) de ventre	stitichezza (f)	[stiti'kettsa]
desarranjo (m) intestinal	disturbo (m) gastrico	[di'sturbo 'gastriko]
intoxicação (f) alimentar	intossicazione (f) alimentare	[intossika'tsjone alimen'tare]
intoxicar-se	intossicarsi (vr)	[intossi'karsi]
artrite (f)	artrite (f)	[ar'trite]
raquitismo (m)	rachitide (f)	[ra'kitide]
reumatismo (m)	reumatismo (m)	[reuma'tizmo]
arteriosclerose (f)	aterosclerosi (f)	[ateroskle'rozi]
gastrite (f)	gastrite (f)	[ga'strite]
apendicite (f)	appendicite (f)	[appendi'tʃite]

colecistite (f)	**colecistite** (f)	[koletʃi'stite]
úlcera (f)	**ulcera** (f)	['ultʃera]

sarampo (m)	**morbillo** (m)	[mor'billo]
rubéola (f)	**rosolia** (f)	[rozo'lia]
icterícia (f)	**itterizia** (f)	[itte'ritsia]
hepatite (f)	**epatite** (f)	[epa'tite]

esquizofrenia (f)	**schizofrenia** (f)	[skidzofre'nia]
raiva (f)	**rabbia** (f)	['rabbia]
neurose (f)	**nevrosi** (f)	[ne'vrozi]
contusão (f) cerebral	**commozione** (f) **cerebrale**	[kommo'tsjone tʃere'brale]

câncer (m)	**cancro** (m)	['kankro]
esclerose (f)	**sclerosi** (f)	[skle'rozi]
esclerose (f) múltipla	**sclerosi** (f) **multipla**	[skle'rozi 'multipla]

alcoolismo (m)	**alcolismo** (m)	[alko'lizmo]
alcoólico (m)	**alcolizzato** (m)	[alkolid'dzato]
sífilis (f)	**sifilide** (f)	[si'filide]
AIDS (f)	**AIDS** (m)	['aids]

tumor (m)	**tumore** (m)	[tu'more]
maligno (adj)	**maligno**	[ma'liɲo]
benigno (adj)	**benigno**	[be'niɲo]
febre (f)	**febbre** (f)	['febbre]
malária (f)	**malaria** (f)	[ma'laria]
gangrena (f)	**cancrena** (f)	[kan'krena]
enjoo (m)	**mal** (m) **di mare**	[mal di 'mare]
epilepsia (f)	**epilessia** (f)	[epiles'sia]

epidemia (f)	**epidemia** (f)	[epide'mia]
tifo (m)	**tifo** (m)	['tifo]
tuberculose (f)	**tubercolosi** (f)	[tuberko'lozi]
cólera (f)	**colera** (m)	[ko'lera]
peste (f) bubônica	**peste** (f)	['peste]

69. Sintomas. Tratamentos. Parte 1

sintoma (m)	**sintomo** (m)	['sintomo]
temperatura (f)	**temperatura** (f)	[tempera'tura]
febre (f)	**febbre** (f) **alta**	['febbre 'alta]
pulso (m)	**polso** (m)	['polso]

vertigem (f)	**capogiro** (m)	[kapo'dʒiro]
quente (testa, etc.)	**caldo**	['kaldo]
calafrio (m)	**brivido** (m)	['brivido]
pálido (adj)	**pallido**	['pallido]

tosse (f)	**tosse** (f)	['tosse]
tossir (vi)	**tossire** (vi)	[tos'sire]
espirrar (vi)	**starnutire** (vi)	[starnu'tire]
desmaio (m)	**svenimento** (m)	[zveni'mento]
desmaiar (vi)	**svenire** (vi)	[zve'nire]

mancha (f) preta	livido (m)	['livido]
galo (m)	bernoccolo (m)	[ber'nokkolo]
machucar-se (vr)	farsi un livido	['farsi un 'livido]
contusão (f)	contusione (f)	[kontu'zjone]
machucar-se (vr)	farsi male	['farsi 'male]
mancar (vi)	zoppicare (vi)	[dzoppi'kare]
deslocamento (f)	slogatura (f)	[zloga'tura]
deslocar (vt)	slogarsi (vr)	[zlo'garsi]
fratura (f)	frattura (f)	[frat'tura]
fraturar (vt)	fratturarsi (vr)	[frattu'rarsi]
corte (m)	taglio (m)	['taʎʎo]
cortar-se (vr)	tagliarsi (vr)	[taʎ'ʎarsi]
hemorragia (f)	emorragia (f)	[emorra'dʒia]
queimadura (f)	scottatura (f)	[skotta'tura]
queimar-se (vr)	scottarsi (vr)	[skot'tarsi]
picar (vt)	pungere (vt)	['pundʒere]
picar-se (vr)	pungersi (vr)	['pundʒersi]
lesionar (vt)	ferire (vt)	[fe'rire]
lesão (m)	ferita (f)	[fe'rita]
ferida (f), ferimento (m)	lesione (f)	[le'zjone]
trauma (m)	trauma (m)	['trauma]
delirar (vi)	delirare (vi)	[deli'rare]
gaguejar (vi)	tartagliare (vi)	[tartaʎ'ʎare]
insolação (f)	colpo (m) di sole	['kolpo di 'sole]

70. Sintomas. Tratamentos. Parte 2

dor (f)	dolore (m), male (m)	[do'lore], ['male]
farpa (no dedo, etc.)	scheggia (f)	['skedʒa]
suor (m)	sudore (m)	[su'dore]
suar (vi)	sudare (vi)	[su'dare]
vômito (m)	vomito (m)	['vomito]
convulsões (f pl)	convulsioni (f pl)	[konvul'sjoni]
grávida (adj)	incinta	[in'tʃinta]
nascer (vi)	nascere (vi)	['naʃere]
parto (m)	parto (m)	['parto]
dar à luz	essere in travaglio	['essere in tra'vaʎʎo]
aborto (m)	aborto (m)	[a'borto]
respiração (f)	respirazione (f)	[respira'tsjone]
inspiração (f)	inspirazione (f)	[inspira'tsjone]
expiração (f)	espirazione (f)	[espira'tsjone]
expirar (vi)	espirare (vi)	[espi'rare]
inspirar (vi)	inspirare (vi)	[inspi'rare]
inválido (m)	invalido (m)	[in'valido]
aleijado (m)	storpio (m)	['storpjo]

drogado (m)	battaglia (f)	[bat'taʎʎa]
surdo (adj)	sordo	['sordo]
mudo (adj)	muto	['muto]
surdo-mudo (adj)	sordomuto	[sordo'muto]

louco, insano (adj)	matto	['matto]
louco (m)	matto (m)	['matto]
louca (f)	matta (f)	['matta]
ficar louco	impazzire (vi)	[impat'tsire]

gene (m)	gene (m)	['dʒene]
imunidade (f)	immunità (f)	[immuni'ta]
hereditário (adj)	ereditario	[eredi'tario]
congênito (adj)	innato	[in'nato]

vírus (m)	virus (m)	['virus]
micróbio (m)	microbo (m)	['mikrobo]
bactéria (f)	batterio (m)	[bat'terio]
infecção (f)	infezione (f)	[infe'tsjone]

71. Sintomas. Tratamentos. Parte 3

| hospital (m) | ospedale (m) | [ospe'dale] |
| paciente (m) | paziente (m) | [pa'tsjente] |

diagnóstico (m)	diagnosi (f)	[di'aɲozi]
cura (f)	cura (f)	['kura]
tratamento (m) médico	trattamento (m)	[tratta'mento]
curar-se (vr)	curarsi (vr)	[ku'rarsi]
tratar (vt)	curare (vt)	[ku'rare]
cuidar (pessoa)	accudire	[akku'dire]
cuidado (m)	assistenza (f)	[assi'stentsa]

operação (f)	operazione (f)	[opera'tsjone]
enfaixar (vt)	bendare (vt)	[ben'dare]
enfaixamento (m)	fasciatura (f)	[faʃa'tura]

vacinação (f)	vaccinazione (f)	[vatʃina'tsjone]
vacinar (vt)	vaccinare (vt)	[vatʃi'nare]
injeção (f)	iniezione (f)	[inje'tsjone]
dar uma injeção	fare una puntura	['fare 'una pun'tura]

ataque (~ de asma, etc.)	attacco (m)	[at'takko]
amputação (f)	amputazione (f)	[amputa'tsjone]
amputar (vt)	amputare (vt)	[ampu'tare]
coma (f)	coma (m)	['koma]
estar em coma	essere in coma	['essere in 'koma]
reanimação (f)	rianimazione (f)	[rianima'tsjone]

recuperar-se (vr)	guarire (vi)	[gwa'rire]
estado (~ de saúde)	stato (f)	['stato]
consciência (perder a ~)	conoscenza (f)	[kono'ʃentsa]
memória (f)	memoria (f)	[me'moria]
tirar (vt)	estrarre (vt)	[e'strarre]

obturação (f)	**otturazione** (f)	[ottura'tsjone]
obturar (vt)	**otturare** (vt)	[ottu'rare]

hipnose (f)	**ipnosi** (f)	[ip'nozi]
hipnotizar (vt)	**ipnotizzare** (vt)	[ipnotid'dzare]

72. Médicos

médico (m)	**medico** (m)	['mediko]
enfermeira (f)	**infermiera** (f)	[infer'mjera]
médico (m) pessoal	**medico** (m) **personale**	['mediko perso'nale]

dentista (m)	**dentista** (m)	[den'tista]
oculista (m)	**oculista** (m)	[oku'lista]
terapeuta (m)	**internista** (m)	[inter'nista]
cirurgião (m)	**chirurgo** (m)	[ki'rurgo]

psiquiatra (m)	**psichiatra** (m)	[psiki'atra]
pediatra (m)	**pediatra** (m)	[pedi'atra]
psicólogo (m)	**psicologo** (m)	[psi'kologo]
ginecologista (m)	**ginecologo** (m)	[dʒine'kologo]
cardiologista (m)	**cardiologo** (m)	[kar'djologo]

73. Medicina. Drogas. Acessórios

medicamento (m)	**medicina** (f)	[medi'tʃina]
remédio (m)	**rimedio** (m)	[ri'medio]
receitar (vt)	**prescrivere** (vt)	[pres'krivere]
receita (f)	**prescrizione** (f)	[preskri'tsjone]

comprimido (m)	**compressa** (f)	[kom'pressa]
unguento (m)	**unguento** (m)	[un'gwento]
ampola (f)	**fiala** (f)	[fi'ala]
solução, preparado (m)	**pozione** (f)	[po'tsjone]
xarope (m)	**sciroppo** (m)	[ʃi'roppo]
cápsula (f)	**pillola** (f)	['pillola]
pó (m)	**polverina** (f)	[polve'rina]

atadura (f)	**benda** (f)	['benda]
algodão (m)	**ovatta** (f)	[o'vatta]
iodo (m)	**iodio** (m)	[i'odio]

curativo (m) adesivo	**cerotto** (m)	[tʃe'rotto]
conta-gotas (m)	**contagocce** (m)	[konta'gotʃe]
termômetro (m)	**termometro** (m)	[ter'mometro]
seringa (f)	**siringa** (f)	[si'ringa]

cadeira (f) de rodas	**sedia** (f) **a rotelle**	['sedia a ro'telle]
muletas (f pl)	**stampelle** (f pl)	[stam'pelle]

analgésico (m)	**analgesico** (m)	[anal'dʒeziko]
laxante (m)	**lassativo** (m)	[lassa'tivo]

álcool (m)	**alcol** (m)	[al'kol]
ervas (f pl) medicinais	**erba** (f) **officinale**	['erba offitʃi'nale]
de ervas (chá ~)	**d'erbe**	['derbe]

74. Fumar. Produtos tabágicos

tabaco (m)	**tabacco** (m)	[ta'bakko]
cigarro (m)	**sigaretta** (f)	[siga'retta]
charuto (m)	**sigaro** (m)	['sigaro]
cachimbo (m)	**pipa** (f)	['pipa]
maço (~ de cigarros)	**pacchetto** (m)	[pak'ketto]
fósforos (m pl)	**fiammiferi** (m pl)	[fjam'miferi]
caixa (f) de fósforos	**scatola** (f) **di fiammiferi**	['skatola di fjam'miferi]
isqueiro (m)	**accendino** (m)	[atʃen'dino]
cinzeiro (m)	**portacenere** (m)	[porta·'tʃenere]
cigarreira (f)	**portasigarette** (m)	[porta·siga'rette]
piteira (f)	**bocchino** (m)	[bok'kino]
filtro (m)	**filtro** (m)	['filtro]
fumar (vi, vt)	**fumare** (vi, vt)	[fu'mare]
acender um cigarro	**accendere una sigaretta**	[a'tʃendere 'una siga'retta]
tabagismo (m)	**fumo** (m)	['fumo]
fumante (m)	**fumatore** (m)	[fuma'tore]
bituca (f)	**cicca** (f)	['tʃikka]
fumaça (f)	**fumo** (m)	['fumo]
cinza (f)	**cenere** (f)	['tʃenere]

HABITAT HUMANO

Cidade

75. Cidade. Vida na cidade

cidade (f)	città (f)	[ʧit'ta]
capital (f)	capitale (f)	[kapi'tale]
aldeia (f)	villaggio (m)	[vil'ladʒo]
mapa (m) da cidade	mappa (f) della città	['mappa 'della ʧit'ta]
centro (m) da cidade	centro (m) della città	['ʧentro 'della ʧit'ta]
subúrbio (m)	sobborgo (m)	[sob'borgo]
suburbano (adj)	suburbano	[subur'bano]
periferia (f)	periferia (f)	[perife'ria]
arredores (m pl)	dintorni (m pl)	[din'torni]
quarteirão (m)	isolato (m)	[izo'lato]
quarteirão (m) residencial	quartiere (m) residenziale	[kwar'tjere reziden'tsjale]
tráfego (m)	traffico (m)	['traffiko]
semáforo (m)	semaforo (m)	[se'maforo]
transporte (m) público	trasporti (m pl) urbani	[tras'porti ur'bani]
cruzamento (m)	incrocio (m)	[in'kroʧo]
faixa (f)	passaggio (m) pedonale	[pas'sadʒo pedo'nale]
túnel (m) subterrâneo	sottopassaggio (m)	[sotto·pas'sadʒo]
cruzar, atravessar (vt)	attraversare (vt)	[attraver'sare]
pedestre (m)	pedone (m)	[pe'done]
calçada (f)	marciapiede (m)	[marʧa'pjede]
ponte (f)	ponte (m)	['ponte]
margem (f) do rio	banchina (f)	[baŋ'kina]
fonte (f)	fontana (f)	[fon'tana]
alameda (f)	vialetto (m)	[via'letto]
parque (m)	parco (m)	['parko]
bulevar (m)	boulevard (m)	[bul'var]
praça (f)	piazza (f)	['pjattsa]
avenida (f)	viale (m), corso (m)	[vi'ale], ['korso]
rua (f)	via (f), strada (f)	['via], ['strada]
travessa (f)	vicolo (m)	['vikolo]
beco (m) sem saída	vicolo (m) cieco	['vikolo 'ʧjeko]
casa (f)	casa (f)	['kaza]
edifício, prédio (m)	edificio (m)	[edi'fiʧo]
arranha-céu (m)	grattacielo (m)	[gratta'ʧelo]
fachada (f)	facciata (f)	[fa'ʧata]
telhado (m)	tetto (m)	['tetto]

janela (f)	finestra (f)	[fi'nestra]
arco (m)	arco (m)	['arko]
coluna (f)	colonna (f)	[ko'lonna]
esquina (f)	angolo (m)	['angolo]

vitrine (f)	vetrina (f)	[ve'trina]
letreiro (m)	insegna (f)	[in'seɲa]
cartaz (do filme, etc.)	cartellone (m)	[kartel'lone]
cartaz (m) publicitário	cartellone (m) pubblicitario	[kartel'lone pubbliʧi'tario]
painel (m) publicitário	tabellone (m) pubblicitario	[tabel'lone pubbliʧi'tario]

lixo (m)	pattume (m), spazzatura (f)	[pat'tume], [spattsa'tura]
lata (f) de lixo	pattumiera (f)	[pattu'mjera]
jogar lixo na rua	sporcare (vi)	[spor'kare]
aterro (m) sanitário	discarica (f) di rifiuti	[dis'karika di ri'fjuti]

orelhão (m)	cabina (f) telefonica	[ka'bina tele'fonika]
poste (m) de luz	lampione (m)	[lam'pjone]
banco (m)	panchina (f)	[paɲ'kina]

polícia (m)	poliziotto (m)	[poli'tsjotto]
polícia (instituição)	polizia (f)	[poli'tsia]
mendigo, pedinte (m)	mendicante (m)	[mendi'kante]
desabrigado (m)	barbone (m)	[bar'bone]

76. Instituições urbanas

loja (f)	negozio (m)	[ne'gotsio]
drogaria (f)	farmacia (f)	[farma'ʧia]
ótica (f)	ottica (f)	['ottika]
centro (m) comercial	centro (m) commerciale	['ʧentro kommer'ʧale]
supermercado (m)	supermercato (m)	[supermer'kato]

padaria (f)	panetteria (f)	[panette'ria]
padeiro (m)	fornaio (m)	[for'najo]
pastelaria (f)	pasticceria (f)	[pastiʧe'ria]
mercearia (f)	drogheria (f)	[droge'ria]
açougue (m)	macelleria (f)	[maʧelle'ria]

| fruteira (f) | fruttivendolo (m) | [frutti'vendolo] |
| mercado (m) | mercato (m) | [mer'kato] |

cafeteria (f)	caffè (m)	[kaf'fe]
restaurante (m)	ristorante (m)	[risto'rante]
bar (m)	birreria (f), pub (m)	[birre'ria], [pab]
pizzaria (f)	pizzeria (f)	[pittse'ria]

salão (m) de cabeleireiro	salone (m) di parrucchiere	[sa'lone di parruk'kjere]
agência (f) dos correios	ufficio (m) postale	[uf'fiʧo po'stale]
lavanderia (f)	lavanderia (f) a secco	[lavande'ria a 'sekko]
estúdio (m) fotográfico	studio (m) fotografico	['studio foto'grafiko]

| sapataria (f) | negozio (m) di scarpe | [ne'gotsio di 'skarpe] |
| livraria (f) | libreria (f) | [libre'ria] |

loja (f) de artigos esportivos	negozio (m) sportivo	[ne'gotsio spor'tivo]
costureira (m)	riparazione (f) di abiti	[ripara'tsjone di 'abiti]
aluguel (m) de roupa	noleggio (m) di abiti	[no'ledʒo di 'abiti]
videolocadora (f)	noleggio (m) di film	[no'ledʒo di film]
circo (m)	circo (m)	['tʃirko]
jardim (m) zoológico	zoo (m)	['dzoo]
cinema (m)	cinema (m)	['tʃinema]
museu (m)	museo (m)	[mu'zeo]
biblioteca (f)	biblioteca (f)	[biblio'teka]
teatro (m)	teatro (m)	[te'atro]
ópera (f)	teatro (m) dell'opera	[te'atro dell 'opera]
boate (casa noturna)	locale notturno (m)	[lo'kale not'turno]
cassino (m)	casinò (m)	[kazi'no]
mesquita (f)	moschea (f)	[mos'kea]
sinagoga (f)	sinagoga (f)	[sina'goga]
catedral (f)	cattedrale (f)	[katte'drale]
templo (m)	tempio (m)	['tempjo]
igreja (f)	chiesa (f)	['kjeza]
faculdade (f)	istituto (m)	[isti'tuto]
universidade (f)	università (f)	[universi'ta]
escola (f)	scuola (f)	['skwola]
prefeitura (f)	prefettura (f)	[prefet'tura]
câmara (f) municipal	municipio (m)	[muni'tʃipio]
hotel (m)	albergo (m)	[al'bergo]
banco (m)	banca (f)	['banka]
embaixada (f)	ambasciata (f)	[amba'ʃata]
agência (f) de viagens	agenzia (f) di viaggi	[adʒen'tsia di 'vjadʒi]
agência (f) de informações	ufficio (m) informazioni	[uf'fitʃo informa'tsjoni]
casa (f) de câmbio	ufficio (m) dei cambi	[uf'fitʃo dei 'kambi]
metrô (m)	metropolitana (f)	[metropoli'tana]
hospital (m)	ospedale (m)	[ospe'dale]
posto (m) de gasolina	distributore (m) di benzina	[distribu'tore di ben'dzina]
parque (m) de estacionamento	parcheggio (m)	[par'kedʒo]

77. Transportes urbanos

ônibus (m)	autobus (m)	['autobus]
bonde (m) elétrico	tram (m)	[tram]
trólebus (m)	filobus (m)	['filobus]
rota (f), itinerário (m)	itinerario (m)	[itine'rario]
número (m)	numero (m)	['numero]
ir de ... (carro, etc.)	andare in ...	[an'dare in]
entrar no ...	salire su ...	[sa'lire su]
descer do ...	scendere da ...	['ʃendere da]
parada (f)	fermata (f)	[fer'mata]

próxima parada (f)	prossima fermata (f)	['prossima fer'mata]
terminal (m)	capolinea (m)	[kapo'linea]
horário (m)	orario (m)	[o'rario]
esperar (vt)	aspettare (vt)	[aspet'tare]

| passagem (f) | biglietto (m) | [biʎ'ʎetto] |
| tarifa (f) | prezzo (m) del biglietto | ['prettso del biʎ'ʎetto] |

bilheteiro (m)	cassiere (m)	[kas'sjere]
controle (m) de passagens	controllo (m) dei biglietti	[kon'trollo dei biʎ'ʎeti]
revisor (m)	bigliettaio (m)	[biʎʎet'tajo]

atrasar-se (vr)	essere in ritardo	['essere in ri'tardo]
perder (o autocarro, etc.)	perdere (vt)	['perdere]
estar com pressa	avere fretta	[a'vere 'fretta]

táxi (m)	taxi (m)	['taksi]
taxista (m)	taxista (m)	[ta'ksista]
de táxi (ir ~)	in taxi	[in 'taksi]
ponto (m) de táxis	parcheggio (m) di taxi	[par'kedʒo di 'taksi]
chamar um táxi	chiamare un taxi	[kja'mare un 'taksi]
pegar um táxi	prendere un taxi	['prendere un 'taksi]

tráfego (m)	traffico (m)	['traffiko]
engarrafamento (m)	ingorgo (m)	[in'gorgo]
horas (f pl) de pico	ore (f pl) di punta	['ore di 'punta]
estacionar (vi)	parcheggiarsi (vr)	[parke'dʒarsi]
estacionar (vt)	parcheggiare (vt)	[parke'dʒare]
parque (m) de estacionamento	parcheggio (m)	[par'kedʒo]

metrô (m)	metropolitana (f)	[metropoli'tana]
estação (f)	stazione (f)	[sta'tsjone]
ir de metrô	prendere la metropolitana	['prendere la metropoli'tana]
trem (m)	treno (m)	['treno]
estação (f) de trem	stazione (f) ferroviaria	[sta'tsjone ferro'vjaria]

78. Turismo

monumento (m)	monumento (m)	[monu'mento]
fortaleza (f)	fortezza (f)	[for'tettsa]
palácio (m)	palazzo (m)	[pa'lattso]
castelo (m)	castello (m)	[ka'stello]
torre (f)	torre (f)	['torre]
mausoléu (m)	mausoleo (m)	[mauzo'leo]

arquitetura (f)	architettura (f)	[arkitet'tura]
medieval (adj)	medievale	[medje'vale]
antigo (adj)	antico	[an'tiko]
nacional (adj)	nazionale	[natsio'nale]
famoso, conhecido (adj)	famoso	[fa'mozo]

turista (m)	turista (m)	[tu'rista]
guia (pessoa)	guida (f)	['gwida]
excursão (f)	escursione (f)	[eskur'sjone]

mostrar (vt)	**fare vedere**	['fare ve'dere]
contar (vt)	**raccontare** (vt)	[rakkon'tare]
encontrar (vt)	**trovare** (vt)	[tro'vare]
perder-se (vr)	**perdersi** (vr)	['perdersi]
mapa (~ do metrô)	**mappa** (f)	['mappa]
mapa (~ da cidade)	**piantina** (f)	[pjan'tina]
lembrança (f), presente (m)	**souvenir** (m)	[suve'nir]
loja (f) de presentes	**negozio** (m) **di articoli da regalo**	[ne'gotsio di ar'tikoli da re'galo]
tirar fotos, fotografar	**fare foto**	['fare 'foto]
fotografar-se (vr)	**fotografarsi**	[fotogra'farsi]

79. Compras

comprar (vt)	**comprare** (vt)	[kom'prare]
compra (f)	**acquisto** (m)	[a'kwisto]
fazer compras	**fare acquisti**	['fare a'kwisti]
compras (f pl)	**shopping** (m)	['ʃopping]
estar aberta (loja)	**essere aperto**	['essere a'perto]
estar fechada	**essere chiuso**	['essere 'kjuzo]
calçado (m)	**calzature** (f pl)	[kaltsa'ture]
roupa (f)	**abbigliamento** (m)	[abbiʎʎa'mento]
cosméticos (m pl)	**cosmetica** (f)	[ko'zmetika]
alimentos (m pl)	**alimentari** (m pl)	[alimen'tari]
presente (m)	**regalo** (m)	[re'galo]
vendedor (m)	**commesso** (m)	[kom'messo]
vendedora (f)	**commessa** (f)	[kom'messa]
caixa (f)	**cassa** (f)	['kassa]
espelho (m)	**specchio** (m)	['spekkio]
balcão (m)	**banco** (m)	['banko]
provador (m)	**camerino** (m)	[kame'rino]
provar (vt)	**provare** (vt)	[pro'vare]
servir (roupa, caber)	**stare bene**	['stare 'bene]
gostar (apreciar)	**piacere** (vi)	[pja'tʃere]
preço (m)	**prezzo** (m)	['prettso]
etiqueta (f) de preço	**etichetta** (f) **del prezzo**	[eti'ketta del 'prettso]
custar (vt)	**costare** (vt)	[ko'stare]
Quanto?	**Quanto?**	['kwanto]
desconto (m)	**sconto** (m)	['skonto]
não caro (adj)	**no muy caro**	[no muj 'karo]
barato (adj)	**a buon mercato**	[a bu'on mer'kato]
caro (adj)	**caro**	['karo]
É caro	**È caro**	[e 'karo]
aluguel (m)	**noleggio** (m)	[no'ledʒo]
alugar (roupas, etc.)	**noleggiare** (vt)	[nole'dʒare]

| crédito (m) | credito (m) | ['kredito] |
| a crédito | a credito | [a 'kredito] |

80. Dinheiro

dinheiro (m)	soldi (m pl)	['soldi]
câmbio (m)	cambio (m)	['kambio]
taxa (f) de câmbio	corso (m) di cambio	['korso di 'kambio]
caixa (m) eletrônico	bancomat (m)	['bankomat]
moeda (f)	moneta (f)	[mo'neta]

| dólar (m) | dollaro (m) | ['dollaro] |
| euro (m) | euro (m) | ['euro] |

lira (f)	lira (f)	['lira]
marco (m)	marco (m)	['marko]
franco (m)	franco (m)	['franko]
libra (f) esterlina	sterlina (f)	[ster'lina]
iene (m)	yen (m)	[jen]

dívida (f)	debito (m)	['debito]
devedor (m)	debitore (m)	[debi'tore]
emprestar (vt)	prestare (vt)	[pre'stare]
pedir emprestado	prendere in prestito	['prendere in 'prestito]

banco (m)	banca (f)	['banka]
conta (f)	conto (m)	['konto]
depositar na conta	versare sul conto	[ver'sare sul 'konto]
sacar (vt)	prelevare dal conto	[prele'vare dal 'konto]

cartão (m) de crédito	carta (f) di credito	['karta di 'kredito]
dinheiro (m) vivo	contanti (m pl)	[kon'tanti]
cheque (m)	assegno (m)	[as'seɲo]
passar um cheque	emettere un assegno	[e'mettere un as'seɲo]
talão (m) de cheques	libretto (m) di assegni	[li'bretto di as'seɲi]

carteira (f)	portafoglio (m)	[porta·'foʎʎo]
niqueleira (f)	borsellino (m)	[borsel'lino]
cofre (m)	cassaforte (f)	[kassa'forte]

herdeiro (m)	erede (m)	[e'rede]
herança (f)	eredità (f)	[eredi'ta]
fortuna (riqueza)	fortuna (f)	[for'tuna]

arrendamento (m)	affitto (m)	[af'fitto]
aluguel (pagar o ~)	affitto (m)	[af'fitto]
alugar (vt)	affittare (vt)	[affit'tare]

preço (m)	prezzo (m)	['prettso]
custo (m)	costo (m), prezzo (m)	['kosto], ['prettso]
soma (f)	somma (f)	['somma]

| gastar (vt) | spendere (vt) | ['spendere] |
| gastos (m pl) | spese (f pl) | ['speze] |

economizar (vi)	economizzare (vi, vt)	[ekonomid'dzare]
econômico (adj)	economico	[eko'nomiko]

pagar (vt)	pagare (vi, vt)	[pa'gare]
pagamento (m)	pagamento (m)	[paga'mento]
troco (m)	resto (m)	['resto]

imposto (m)	imposta (f)	[im'posta]
multa (f)	multa (f), ammenda (f)	['multa], [am'menda]
multar (vt)	multare (vt)	[mul'tare]

81. Correios. Serviço postal

agência (f) dos correios	posta (f), ufficio (m) postale	['posta], [uf'fitʃo po'stale]
correio (m)	posta (f)	['posta]
carteiro (m)	postino (m)	[po'stino]
horário (m)	orario (m) di apertura	[o'rario di aper'tura]

carta (f)	lettera (f)	['lettera]
carta (f) registada	raccomandata (f)	[rakkoman'data]
cartão (m) postal	cartolina (f)	[karto'lina]
telegrama (m)	telegramma (m)	[tele'gramma]
encomenda (f)	pacco (m) postale	['pakko po'stale]
transferência (f) de dinheiro	vaglia (m) postale	['vaʎʎa po'stale]

receber (vt)	ricevere (vt)	[ri'tʃevere]
enviar (vt)	spedire (vt)	[spe'dire]
envio (m)	invio (m)	[in'vio]

endereço (m)	indirizzo (m)	[indi'rittso]
código (m) postal	codice (m) postale	['koditʃe po'stale]
remetente (m)	mittente (m)	[mit'tente]
destinatário (m)	destinatario (m)	[destina'tario]

nome (m)	nome (m)	['nome]
sobrenome (m)	cognome (m)	[ko'ɲome]

tarifa (f)	tariffa (f)	[ta'riffa]
ordinário (adj)	ordinario	[ordi'nario]
econômico (adj)	standard	['standar]

peso (m)	peso (m)	['pezo]
pesar (estabelecer o peso)	pesare (vt)	[pe'zare]
envelope (m)	busta (f)	['busta]
selo (m) postal	francobollo (m)	[franko'bollo]

Moradia. Casa. Lar

82. Casa. Habitação

casa (f)	**casa** (f)	['kaza]
em casa	**a casa**	[a 'kaza]
pátio (m), quintal (f)	**cortile** (m)	[kor'tile]
cerca, grade (f)	**recinto** (m)	[re'tʃinto]
tijolo (m)	**mattone** (m)	[mat'tone]
de tijolos	**di mattoni**	[di mat'toni]
pedra (f)	**pietra** (f)	['pjetra]
de pedra	**di pietra**	[di 'pjetra]
concreto (m)	**beton** (m)	[be'ton]
concreto (adj)	**di beton**	[di be'ton]
novo (adj)	**nuovo**	[nu'ovo]
velho (adj)	**vecchio**	['vekkio]
decrépito (adj)	**fatiscente**	[fati'ʃente]
moderno (adj)	**moderno**	[mo'derno]
de vários andares	**a molti piani**	[a 'molti 'pjani]
alto (adj)	**alto**	['alto]
andar (m)	**piano** (m)	['pjano]
de um andar	**di un piano**	[di un 'pjano]
térreo (m)	**pianoterra** (m)	[pjano'terra]
andar (m) de cima	**ultimo piano** (m)	['ultimo 'pjano]
telhado (m)	**tetto** (m)	['tetto]
chaminé (f)	**ciminiera** (f)	[tʃimi'njera]
telha (f)	**tegola** (f)	['tegola]
de telha	**di tegole**	[di 'tegole]
sótão (m)	**soffitta** (f)	[sof'fitta]
janela (f)	**finestra** (f)	[fi'nestra]
vidro (m)	**vetro** (m)	['vetro]
parapeito (m)	**davanzale** (m)	[davan'tsale]
persianas (f pl)	**imposte** (f pl)	[im'poste]
parede (f)	**muro** (m)	['muro]
varanda (f)	**balcone** (m)	[bal'kone]
calha (f)	**tubo** (m) **pluviale**	['tubo plu'vjale]
em cima	**su, di sopra**	[su], [di 'sopra]
subir (vi)	**andare di sopra**	[an'dare di 'sopra]
descer (vi)	**scendere** (vi)	['ʃendere]
mudar-se (vr)	**trasferirsi** (vr)	[trasfe'rirsi]

83. Casa. Entrada. Elevador

entrada (f)	entrata (f)	[en'trata]
escada (f)	scala (f)	['skala]
degraus (m pl)	gradini (m pl)	[gra'dini]
corrimão (m)	ringhiera (f)	[rin'gjera]
hall (m) de entrada	hall (f)	[oll]
caixa (f) de correio	cassetta (f) della posta	[kas'setta 'della 'posta]
lata (f) do lixo	secchio (m) della spazzatura	['sekkio 'della spattsa'tura]
calha (f) de lixo	scivolo (m) per la spazzatura	['ʃivolo per la spattsa'tura]
elevador (m)	ascensore (m)	[aʃen'sore]
elevador (m) de carga	montacarichi (m)	[monta'kariki]
cabine (f)	cabina (f) di ascensore	[ka'bina de aʃen'sore]
pegar o elevador	prendere l'ascensore	['prendere laʃen'sore]
apartamento (m)	appartamento (m)	[apparta'mento]
residentes (pl)	inquilini (m pl)	[inkwi'lini]
vizinho (m)	vicino (m)	[vi'tʃino]
vizinha (f)	vicina (f)	[vi'tʃina]
vizinhos (pl)	vicini (m pl)	[vi'tʃini]

84. Casa. Portas. Fechaduras

porta (f)	porta (f)	['porta]
portão (m)	cancello (m)	[kan'tʃello]
maçaneta (f)	maniglia (f)	[ma'niʎʎa]
destrancar (vt)	togliere il catenaccio	['toʎʎere il kate'natʃo]
abrir (vt)	aprire (vt)	[a'prire]
fechar (vt)	chiudere (vt)	['kjudere]
chave (f)	chiave (f)	['kjave]
molho (m)	mazzo (m)	['mattso]
ranger (vi)	cigolare (vi)	[tʃigo'lare]
rangido (m)	cigolio (m)	[tʃigo'lio]
dobradiça (f)	cardine (m)	['kardine]
capacho (m)	zerbino (m)	[dzer'bino]
fechadura (f)	serratura (f)	[serra'tura]
buraco (m) da fechadura	buco (m) della serratura	['buko 'della serra'tura]
barra (f)	chiavistello (m)	[kjavi'stello]
fecho (ferrolho pequeno)	catenaccio (m)	[kate'natʃo]
cadeado (m)	lucchetto (m)	[luk'ketto]
tocar (vt)	suonare (vt)	[suo'nare]
toque (m)	suono (m)	[su'ono]
campainha (f)	campanello (m)	[kampa'nello]
botão (m)	pulsante (m)	[pul'sante]
batida (f)	bussata (f)	[bus'sata]
bater (vi)	bussare (vi)	[bus'sare]
código (m)	codice (m)	['koditʃe]
fechadura (f) de código	serratura (f) a codice	[serra'tura a 'koditʃe]

interfone (m)	**citofono** (m)	[tʃi'tofono]
número (m)	**numero** (m)	['numero]
placa (f) de porta	**targhetta** (f)	[tar'getta]
olho (m) mágico	**spioncino** (m)	[spion'tʃino]

85. Casa de campo

aldeia (f)	**villaggio** (m)	[vil'ladʒo]
horta (f)	**orto** (m)	['orto]
cerca (f)	**recinto** (m)	[re'tʃinto]
cerca (f) de piquete	**steccato** (m)	[stek'kato]
portão (f) do jardim	**cancelletto** (m)	[kantʃel'letto]
celeiro (m)	**granaio** (m)	[gra'najo]
adega (f)	**cantina** (f), **scantinato** (m)	[kan'tina], [skanti'nato]
galpão, barracão (m)	**capanno** (m)	[ka'panno]
poço (m)	**pozzo** (m)	['pottso]
fogão (m)	**stufa** (f)	['stufa]
atiçar o fogo	**attizzare** (vt)	[attid'dzare]
lenha (carvão ou ~)	**legna** (f) **da ardere**	['leɲa da 'ardere]
acha, lenha (f)	**ciocco** (m)	['tʃokko]
varanda (f)	**veranda** (f)	[ve'randa]
alpendre (m)	**terrazza** (f)	[ter'rattsa]
degraus (m pl) de entrada	**scala** (f) **d'ingresso**	['skala din'gresso]
balanço (m)	**altalena** (f)	[alta'lena]

86. Castelo. Palácio

castelo (m)	**castello** (m)	[ka'stello]
palácio (m)	**palazzo** (m)	[pa'lattso]
fortaleza (f)	**fortezza** (f)	[for'tettsa]
muralha (f)	**muro** (m)	['muro]
torre (f)	**torre** (f)	['torre]
calabouço (m)	**torre** (f) **principale**	['torre printʃi'pale]
grade (f) levadiça	**saracinesca** (f)	[saratʃi'neska]
passagem (f) subterrânea	**tunnel** (m)	['tunnel]
fosso (m)	**fossato** (m)	[fos'sato]
corrente, cadeia (f)	**catena** (f)	[ka'tena]
seteira (f)	**feritoia** (f)	[feri'toja]
magnífico (adj)	**magnifico**	[ma'ɲifiko]
majestoso (adj)	**maestoso**	[mae'stozo]
inexpugnável (adj)	**inespugnabile**	[inespu'ɲabile]
medieval (adj)	**medievale**	[medje'vale]

87. Apartamento

apartamento (m)	**appartamento** (m)	[apparta'mento]
quarto, cômodo (m)	**camera** (f), **stanza** (f)	['kamera], ['stantsa]
quarto (m) de dormir	**camera** (f) **da letto**	['kamera da 'letto]
sala (f) de jantar	**sala** (f) **da pranzo**	['sala da 'prantso]
sala (f) de estar	**salotto** (m)	[sa'lotto]
escritório (m)	**studio** (m)	['studio]
sala (f) de entrada	**ingresso** (m)	[in'gresso]
banheiro (m)	**bagno** (m)	['baɲo]
lavabo (m)	**gabinetto** (m)	[gabi'netto]
teto (m)	**soffitto** (m)	[sof'fitto]
chão, piso (m)	**pavimento** (m)	[pavi'mento]
canto (m)	**angolo** (m)	['angolo]

88. Apartamento. Limpeza

arrumar, limpar (vt)	**pulire** (vt)	[pu'lire]
guardar (no armário, etc.)	**mettere via**	['mettere 'via]
pó (m)	**polvere** (f)	['polvere]
empoeirado (adj)	**impolverato**	[impolve'rato]
tirar o pó	**spolverare** (vt)	[spolve'rare]
aspirador (m)	**aspirapolvere** (m)	[aspira·'polvere]
aspirar (vt)	**passare l'aspirapolvere**	[pas'sare laspira·'polvere]
varrer (vt)	**spazzare** (vi, vt)	[spat'tsare]
sujeira (f)	**spazzatura** (f)	[spattsa'tura]
arrumação, ordem (f)	**ordine** (m)	['ordine]
desordem (f)	**disordine** (m)	[di'sordine]
esfregão (m)	**frettazzo** (m)	[fret'tattso]
pano (m), trapo (m)	**strofinaccio** (m)	[strofi'natʃo]
vassoura (f)	**scopa** (f)	['skopa]
pá (f) de lixo	**paletta** (f)	[pa'letta]

89. Mobiliário. Interior

mobiliário (m)	**mobili** (m pl)	['mobili]
mesa (f)	**tavolo** (m)	['tavolo]
cadeira (f)	**sedia** (f)	['sedia]
cama (f)	**letto** (m)	['letto]
sofá, divã (m)	**divano** (m)	[di'vano]
poltrona (f)	**poltrona** (f)	[pol'trona]
estante (f)	**libreria** (f)	[libre'ria]
prateleira (f)	**ripiano** (m)	[ri'pjano]
guarda-roupas (m)	**armadio** (m)	[ar'madio]
cabide (m) de parede	**attaccapanni** (m) **da parete**	[attakka'panni da pa'rete]

cabideiro (m) de pé	appendiabiti (m) da terra	[apen'djabiti da terra]
cômoda (f)	comò (m)	[ko'mo]
mesinha (f) de centro	tavolino (m) da salotto	[tavo'lina da sa'lotto]

espelho (m)	specchio (m)	['spekkio]
tapete (m)	tappeto (m)	[tap'peto]
tapete (m) pequeno	tappetino (m)	[tappe'tino]

lareira (f)	camino (m)	[ka'mino]
vela (f)	candela (f)	[kan'dela]
castiçal (m)	candeliere (m)	[kande'ljere]

cortinas (f pl)	tende (f pl)	['tende]
papel (m) de parede	carta (f) da parati	['karta da pa'rati]
persianas (f pl)	tende (f pl) alla veneziana	['tende alla vene'tsjana]

luminária (f) de mesa	lampada (f) da tavolo	['lampada da 'tavolo]
luminária (f) de parede	lampada (f) da parete	['lampada da pa'rete]
abajur (m) de pé	lampada (f) a stelo	['lampada a 'stelo]
lustre (m)	lampadario (m)	[lampa'dario]

pé (de mesa, etc.)	gamba (f)	['gamba]
braço, descanso (m)	bracciolo (m)	['bratʃolo]
costas (f pl)	spalliera (f)	[spal'ljera]
gaveta (f)	cassetto (m)	[kas'setto]

90. Quarto de dormir

roupa (f) de cama	biancheria (f) da letto	[bjanke'ria da 'letto]
travesseiro (m)	cuscino (m)	[ku'ʃino]
fronha (f)	federa (f)	['federa]
cobertor (m)	coperta (f)	[ko'perta]
lençol (m)	lenzuolo (m)	[lentsu'olo]
colcha (f)	copriletto (m)	[kopri'letto]

91. Cozinha

cozinha (f)	cucina (f)	[ku'tʃina]
gás (m)	gas (m)	[gas]
fogão (m) a gás	fornello (m) a gas	[for'nello a gas]
fogão (m) elétrico	fornello (m) elettrico	[for'nello e'lettriko]
forno (m)	forno (m)	['forno]
forno (m) de micro-ondas	forno (m) a microonde	['forno a mikro'onde]

geladeira (f)	frigorifero (m)	[frigo'rifero]
congelador (m)	congelatore (m)	[kondʒela'tore]
máquina (f) de lavar louça	lavastoviglie (f)	[lavasto'viʎʎe]

moedor (m) de carne	tritacarne (m)	[trita'karne]
espremedor (m)	spremifrutta (m)	[spremi'frutta]
torradeira (f)	tostapane (m)	[tosta'pane]
batedeira (f)	mixer (m)	['mikser]

máquina (f) de café	macchina (f) da caffè	['makkina da kaf'fe]
cafeteira (f)	caffettiera (f)	[kaffet'tjera]
moedor (m) de café	macinacaffè (m)	[matʃinakaf'fe]

chaleira (f)	bollitore (m)	[bolli'tore]
bule (m)	teiera (f)	[te'jera]
tampa (f)	coperchio (m)	[ko'perkio]
coador (m) de chá	colino (m) da tè	[ko'lino da te]

colher (f)	cucchiaio (m)	[kuk'kjajo]
colher (f) de chá	cucchiaino (m) da tè	[kuk'kjajno da 'te]
colher (f) de sopa	cucchiaio (m)	[kuk'kjajo]
garfo (m)	forchetta (f)	[for'ketta]
faca (f)	coltello (m)	[kol'tello]

louça (f)	stoviglie (f pl)	[sto'viʎʎe]
prato (m)	piatto (m)	['pjatto]
pires (m)	piattino (m)	[pjat'tino]

cálice (m)	cicchetto (m)	[tʃik'ketto]
copo (m)	bicchiere (m)	[bik'kjere]
xícara (f)	tazzina (f)	[tat'tsina]

açucareiro (m)	zuccheriera (f)	[dzukke'rjera]
saleiro (m)	saliera (f)	[sa'ljera]
pimenteiro (m)	pepiera (f)	[pe'pjera]
manteigueira (f)	burriera (f)	[bur'rjera]

panela (f)	pentola (f)	['pentola]
frigideira (f)	padella (f)	[pa'della]
concha (f)	mestolo (m)	['mestolo]
coador (m)	colapasta (m)	[kola'pasta]
bandeja (f)	vassoio (m)	[vas'sojo]

garrafa (f)	bottiglia (f)	[bot'tiʎʎa]
pote (m) de vidro	barattolo (m) di vetro	[ba'rattolo di 'vetro]
lata (~ de cerveja)	latta (f), lattina (f)	['latta], [lat'tina]

abridor (m) de garrafa	apribottiglie (m)	[apribot'tiʎʎe]
abridor (m) de latas	apriscatole (m)	[apri'skatole]
saca-rolhas (m)	cavatappi (m)	[kava'tappi]
filtro (m)	filtro (m)	['filtro]
filtrar (vt)	filtrare (vt)	[fil'trare]

| lixo (m) | spazzatura (f) | [spattsa'tura] |
| lixeira (f) | pattumiera (f) | [pattu'mjera] |

92. Casa de banho

banheiro (m)	bagno (m)	['baɲo]
água (f)	acqua (f)	['akwa]
torneira (f)	rubinetto (m)	[rubi'netto]
água (f) quente	acqua (f) calda	['akwa 'kalda]
água (f) fria	acqua (f) fredda	['akwa 'fredda]

pasta (f) de dente	dentifricio (m)	[denti'friʧo]
escovar os dentes	lavarsi i denti	[la'varsi i 'denti]
escova (f) de dente	spazzolino (m) da denti	[spatso'lino da 'denti]
barbear-se (vr)	rasarsi (vr)	[ra'zarsi]
espuma (f) de barbear	schiuma (f) da barba	['skjuma da 'barba]
gilete (f)	rasoio (m)	[ra'zojo]
lavar (vt)	lavare (vt)	[la'vare]
tomar banho	fare un bagno	['fare un 'baɲo]
chuveiro (m), ducha (f)	doccia (f)	['doʧa]
tomar uma ducha	fare una doccia	['fare 'una 'doʧa]
banheira (f)	vasca (f) da bagno	['vaska da 'baɲo]
vaso (m) sanitário	water (m)	['vater]
pia (f)	lavandino (m)	[lavan'dino]
sabonete (m)	sapone (m)	[sa'pone]
saboneteira (f)	porta (m) sapone	['porta sa'pone]
esponja (f)	spugna (f)	['spuɲa]
xampu (m)	shampoo (m)	['ʃampo]
toalha (f)	asciugamano (m)	[aʃuga'mano]
roupão (m) de banho	accappatoio (m)	[akkappa'tojo]
lavagem (f)	bucato (m)	[bu'kato]
lavadora (f) de roupas	lavatrice (f)	[lava'triʧe]
lavar a roupa	fare il bucato	['fare il bu'kato]
detergente (m)	detersivo (m) per il bucato	[deter'sivo per il bu'kato]

93. Eletrodomésticos

televisor (m)	televisore (m)	[televi'zore]
gravador (m)	registratore (m) a nastro	[reʤistra'tore a 'nastro]
videogravador (m)	videoregistratore (m)	[video·reʤistra'tore]
rádio (m)	radio (f)	['radio]
leitor (m)	lettore (m)	[let'tore]
projetor (m)	videoproiettore (m)	[video·projet'tore]
cinema (m) em casa	home cinema (m)	['om 'ʧinema]
DVD Player (m)	lettore (m) DVD	[let'tore divu'di]
amplificador (m)	amplificatore (m)	[amplifika'tore]
console (f) de jogos	console (f) video giochi	['konsole 'video 'ʤoki]
câmera (f) de vídeo	videocamera (f)	[video·'kamera]
máquina (f) fotográfica	macchina (f) fotografica	['makkina foto'grafika]
câmera (f) digital	fotocamera (f) digitale	[foto'kamera diʤi'tale]
aspirador (m)	aspirapolvere (m)	[aspira·'polvere]
ferro (m) de passar	ferro (m) da stiro	['ferro da 'stiro]
tábua (f) de passar	asse (f) da stiro	['asse da 'stiro]
telefone (m)	telefono (m)	[te'lefono]
celular (m)	telefonino (m)	[telefo'nino]

máquina (f) de escrever	**macchina** (f) **da scrivere**	['makkina da 'skrivere]
máquina (f) de costura	**macchina** (f) **da cucire**	['makkina da ku'tʃire]

microfone (m)	**microfono** (m)	[mi'krofono]
fone (m) de ouvido	**cuffia** (f)	['kuffia]
controle remoto (m)	**telecomando** (m)	[teleko'mando]

CD (m)	**CD** (m)	[tʃi'di]
fita (f) cassete	**cassetta** (f)	[kas'setta]
disco (m) de vinil	**disco** (m)	['disko]

94. Reparações. Renovação

renovação (f)	**lavori** (m pl) **di restauro**	[la'vori di re'stauro]
renovar (vt), fazer obras	**rinnovare** (vt)	[rinno'vare]
reparar (vt)	**riparare** (vt)	[ripa'rare]
consertar (vt)	**mettere in ordine**	['mettere in 'ordine]
refazer (vt)	**rifare** (vt)	[ri'fare]

tinta (f)	**vernice** (f), **pittura** (f)	[ver'nitʃe], [pit'tura]
pintar (vt)	**pitturare** (vt)	[pittu'rare]
pintor (m)	**imbianchino** (m)	[imbjaŋ'kino]
pincel (m)	**pennello** (m)	[pen'nello]

cal (f)	**imbiancatura** (f)	[imbjanka'tura]
caiar (vt)	**imbiancare** (vt)	[imbjan'kare]

papel (m) de parede	**carta** (f) **da parati**	['karta da pa'rati]
colocar papel de parede	**tappezzare** (vt)	[tappet'tsare]
verniz (m)	**vernice** (f)	[ver'nitʃe]
envernizar (vt)	**verniciare** (vt)	[verni'tʃare]

95. Canalizações

água (f)	**acqua** (f)	['akwa]
água (f) quente	**acqua** (f) **calda**	['akwa 'kalda]
água (f) fria	**acqua** (f) **fredda**	['akwa 'fredda]
torneira (f)	**rubinetto** (m)	[rubi'netto]

gota (f)	**goccia** (f)	['gotʃa]
gotejar (vi)	**gocciolare** (vi)	[gotʃo'lare]
vazar (vt)	**perdere** (vi)	['perdere]
vazamento (m)	**perdita** (f)	['perdita]
poça (f)	**pozza** (f)	['pottsa]

tubo (m)	**tubo** (m)	['tubo]
válvula (f)	**valvola** (f)	['valvola]
entupir-se (vr)	**intasarsi** (vr)	[inta'zarsi]

ferramentas (f pl)	**strumenti** (m pl)	[stru'menti]
chave (f) inglesa	**chiave** (f) **inglese**	['kjave in'gleze]
desenroscar (vt)	**svitare** (vt)	[zvi'tare]

enroscar (vt)	avvitare (vt)	[avvi'tare]
desentupir (vt)	stasare (vt)	[sta'zare]
encanador (m)	idraulico (m)	[i'drauliko]
porão (m)	seminterrato (m)	[seminter'rato]
rede (f) de esgotos	fognatura (f)	[foɲa'tura]

96. Fogo. Deflagração

incêndio (m)	fuoco (m)	[fu'oko]
chama (f)	fiamma (f)	['fjamma]
faísca (f)	scintilla (f)	[ʃin'tilla]
fumaça (f)	fumo (m)	['fumo]
tocha (f)	fiaccola (f)	['fjakkola]
fogueira (f)	falò (m)	[fa'lo]
gasolina (f)	benzina (f)	[ben'dzina]
querosene (m)	cherosene (m)	[kero'zene]
inflamável (adj)	combustibile	[kombu'stibile]
explosivo (adj)	esplosivo	[esplo'zivo]
PROIBIDO FUMAR!	VIETATO FUMARE!	[vje'tato fu'mare]
segurança (f)	sicurezza (f)	[siku'rettsa]
perigo (m)	pericolo (m)	[pe'rikolo]
perigoso (adj)	pericoloso	[periko'lozo]
incendiar-se (vr)	prendere fuoco	['prendere fu'oko]
explosão (f)	esplosione (f)	[esplo'zjone]
incendiar (vt)	incendiare (vt)	[intʃen'djare]
incendiário (m)	incendiario (m)	[intʃen'djario]
incêndio (m) criminoso	incendio (m) doloso	[in'tʃendio do'lozo]
flamejar (vi)	divampare (vi)	[divam'pare]
queimar (vi)	bruciare (vi)	[bru'tʃare]
queimar tudo (vi)	bruciarsi (vr)	[bru'tʃarsi]
chamar os bombeiros	chiamare i pompieri	[kja'mare i pom'pjeri]
bombeiro (m)	pompiere (m)	[pom'pjere]
caminhão (m) de bombeiros	autopompa (f)	[auto'pompa]
corpo (m) de bombeiros	corpo (m) dei pompieri	['korpo dei pom'pjeri]
escada (f) extensível	autoscala (f) da pompieri	[auto'skala da pom'pjeri]
mangueira (f)	manichetta (f)	[mani'ketta]
extintor (m)	estintore (m)	[estin'tore]
capacete (m)	casco (m)	['kasko]
sirene (f)	sirena (f)	[si'rena]
gritar (vi)	gridare (vi)	[gri'dare]
chamar por socorro	chiamare in aiuto	[kja'mare in a'juto]
socorrista (m)	soccorritore (m)	[sokkorri'tore]
salvar, resgatar (vt)	salvare (vt)	[sal'vare]
chegar (vi)	arrivare (vi)	[arri'vare]
apagar (vt)	spegnere (vt)	['speɲere]
água (f)	acqua (f)	['akwa]

areia (f)	**sabbia** (f)	['sabbia]
ruínas (f pl)	**rovine** (f pl)	[ro'vine]
ruir (vi)	**crollare** (vi)	[krol'lare]
desmoronar (vi)	**cadere** (vi)	[ka'dere]
desabar (vi)	**collassare** (vi)	[kolla'sare]
fragmento (m)	**frammento** (m)	[fram'mento]
cinza (f)	**cenere** (f)	['ʧenere]
sufocar (vi)	**asfissiare** (vi)	[asfis'sjare]
perecer (vi)	**morire, perire** (vi)	[mo'rire], [pe'rire]

ATIVIDADES HUMANAS

Emprego. Negócios. Parte 1

97. Banca

banco (m)	banca (f)	['banka]
balcão (f)	filiale (f)	[fi'ljale]
consultor (m) bancário	consulente (m)	[konsu'lente]
gerente (m)	direttore (m)	[diret'tore]
conta (f)	conto (m) bancario	['konto ban'kario]
número (m) da conta	numero (m) del conto	['numero del 'konto]
conta (f) corrente	conto (m) corrente	['konto kor'rente]
conta (f) poupança	conto (m) di risparmio	['konto di ris'parmio]
abrir uma conta	aprire un conto	[a'prire un 'konto]
fechar uma conta	chiudere il conto	['kjudere il 'konto]
depositar na conta	versare sul conto	[ver'sare sul 'konto]
sacar (vt)	prelevare dal conto	[prele'vare dal 'konto]
depósito (m)	deposito (m)	[de'pozito]
fazer um depósito	depositare (vt)	[depozi'tare]
transferência (f) bancária	trasferimento (m) telegrafico	[trasferi'mento tele'grafiko]
transferir (vt)	rimettere i soldi	[ri'mettere i 'soldi]
soma (f)	somma (f)	['somma]
Quanto?	Quanto?	['kwanto]
assinatura (f)	firma (f)	['firma]
assinar (vt)	firmare (vt)	[fir'mare]
cartão (m) de crédito	carta (f) di credito	['karta di 'kredito]
senha (f)	codice (m)	['koditʃe]
número (m) do cartão de crédito	numero (m) della carta di credito	['numero della 'karta di 'kredito]
caixa (m) eletrônico	bancomat (m)	['bankomat]
cheque (m)	assegno (m)	[as'seɲo]
passar um cheque	emettere un assegno	[e'mettere un as'seɲo]
talão (m) de cheques	libretto (m) di assegni	[li'bretto di as'seɲi]
empréstimo (m)	prestito (m)	['prestito]
pedir um empréstimo	fare domanda per un prestito	['fare do'manda per un 'prestito]
obter empréstimo	ottenere un prestito	[otte'nere un 'prestito]
dar um empréstimo	concedere un prestito	[kon'tʃedere un 'prestito]
garantia (f)	garanzia (f)	[garan'tsia]

98. Telefone. Conversação telefônica

telefone (m)	telefono (m)	[te'lefono]
celular (m)	telefonino (m)	[telefo'nino]
secretária (f) eletrônica	segreteria (f) telefonica	[segrete'ria tele'fonika]

fazer uma chamada	telefonare (vi, vt)	[telefo'nare]
chamada (f)	chiamata (f)	[kja'mata]

discar um número	comporre un numero	[kom'porre un 'numero]
Alô!	Pronto!	['pronto]
perguntar (vt)	chiedere, domandare	['kjedere], [doman'dare]
responder (vt)	rispondere (vi, vt)	[ris'pondere]

ouvir (vt)	udire, sentire (vt)	[u'dire], [sen'tire]
bem	bene	['bene]
mal	male	['male]
ruído (m)	disturbi (m pl)	[di'sturbi]

fone (m)	cornetta (f)	[kor'netta]
pegar o telefone	alzare la cornetta	[al'tsare la kor'netta]
desligar (vi)	riattaccare la cornetta	[riattak'kare la kor'netta]

ocupado (adj)	occupato	[okku'pato]
tocar (vi)	squillare (vi)	[skwil'lare]
lista (f) telefônica	elenco (m) telefonico	[e'lenko tele'foniko]

local (adj)	locale	[lo'kale]
chamada (f) local	chiamata (f) locale	[kja'mata lo'kale]
de longa distância	interurbano	[interur'bano]
chamada (f) de longa distância	chiamata (f) interurbana	[kja'mata interur'bana]
internacional (adj)	internazionale	[internatsjo'nale]
chamada (f) internacional	chiamata (f) internazionale	[kja'mata internatsjo'nale]

99. Telefone móvel

celular (m)	telefonino (m)	[telefo'nino]
tela (f)	schermo (m)	['skermo]
botão (m)	tasto (m)	['tasto]
cartão SIM (m)	scheda SIM (f)	['skeda 'sim]

bateria (f)	pila (f)	['pila]
descarregar-se (vr)	essere scarico	['essere 'skariko]
carregador (m)	caricabatteria (m)	[karika·batte'ria]

menu (m)	menù (m)	[me'nu]
configurações (f pl)	impostazioni (f pl)	[imposta'tsjoni]
melodia (f)	melodia (f)	[melo'dia]
escolher (vt)	scegliere (vt)	['ʃeʎʎere]

calculadora (f)	calcolatrice (f)	[kalkola'tritʃe]
correio (m) de voz	segreteria (f) telefonica	[segrete'ria tele'fonika]

despertador (m)	**sveglia** (f)	['zveʎʎa]
contatos (m pl)	**contatti** (m pl)	[kon'tatti]

mensagem (f) de texto	**messaggio** (m) **SMS**	[mes'sadʒo ese'mese]
assinante (m)	**abbonato** (m)	[abbo'nato]

100. Estacionário

caneta (f)	**penna** (f) **a sfera**	[penna a 'sfera]
caneta (f) tinteiro	**penna** (f) **stilografica**	['penna stilo'grafika]

lápis (m)	**matita** (f)	[ma'tita]
marcador (m) de texto	**evidenziatore** (m)	[evidentsja'tore]
caneta (f) hidrográfica	**pennarello** (m)	[penna'rello]

bloco (m) de notas	**taccuino** (m)	[tak'kwino]
agenda (f)	**agenda** (f)	[a'dʒenda]

régua (f)	**righello** (m)	[ri'gello]
calculadora (f)	**calcolatrice** (f)	[kalkola'tritʃe]
borracha (f)	**gomma** (f) **per cancellare**	['gomma per kantʃel'lare]
alfinete (m)	**puntina** (f)	[pun'tina]
clipe (m)	**graffetta** (f)	[graf'fetta]

cola (f)	**colla** (f)	['kolla]
grampeador (m)	**pinzatrice** (f)	[pintsa'tritʃe]
furador (m) de papel	**perforatrice** (f)	[perfora'tritʃe]
apontador (m)	**temperamatite** (m)	[temperama'tite]

Emprego. Negócios. Parte 2

101. Media

jornal (m)	giornale (m)	[dʒor'nale]
revista (f)	rivista (f)	[ri'vista]
imprensa (f)	stampa (f)	['stampa]
rádio (m)	radio (f)	['radio]
estação (f) de rádio	stazione (f) radio	[sta'tsjone 'radio]
televisão (f)	televisione (f)	[televi'zjone]
apresentador (m)	presentatore (m)	[prezenta'tore]
locutor (m)	annunciatore (m)	[annuntʃa'tore]
comentarista (m)	commentatore (m)	[kommenta'tore]
jornalista (m)	giornalista (m)	[dʒorna'lista]
correspondente (m)	corrispondente (m)	[korrispon'dente]
repórter (m) fotográfico	fotocronista (m)	[fotokro'nista]
repórter (m)	cronista (m)	[kro'nista]
redator (m)	redattore (m)	[redat'tore]
redator-chefe (m)	redattore capo (m)	[redat'tore 'kapo]
assinar a ...	abbonarsi a ...	[abbo'narsi]
assinatura (f)	abbonamento (m)	[abbona'mento]
assinante (m)	abbonato (m)	[abbo'nato]
ler (vt)	leggere (vi, vt)	['ledʒere]
leitor (m)	lettore (m)	[let'tore]
tiragem (f)	tiratura (f)	[tira'tura]
mensal (adj)	mensile	[men'sile]
semanal (adj)	settimanale	[settima'nale]
número (jornal, revista)	numero (m)	['numero]
recente, novo (adj)	fresco (m)	['fresko]
manchete (f)	testata (f)	[te'stata]
pequeno artigo (m)	trafiletto (m)	[trafi'letto]
coluna (~ semanal)	rubrica (f)	[ru'brika]
artigo (m)	articolo (m)	[ar'tikolo]
página (f)	pagina (f)	['padʒina]
reportagem (f)	servizio (m)	[ser'vitsio]
evento (festa, etc.)	evento (m)	[e'vento]
sensação (f)	sensazione (f)	[sensa'tsjone]
escândalo (m)	scandalo (m)	['skandalo]
escandaloso (adj)	scandaloso	[skanda'lozo]
grande (adj)	enorme, grande	[e'norme], ['grande]
programa (m)	trasmissione (f)	[trazmis'sjone]
entrevista (f)	intervista (f)	[inter'vista]

transmissão (f) ao vivo	**trasmissione** (f) **in diretta**	[trazmis'sjone in di'retta]
canal (m)	**canale** (m)	[ka'nale]

102. Agricultura

agricultura (f)	**agricoltura** (f)	[agrikol'tura]
camponês (m)	**contadino** (m)	[konta'dino]
camponesa (f)	**contadina** (f)	[konta'dina]
agricultor, fazendeiro (m)	**fattore** (m)	[fat'tore]
trator (m)	**trattore** (m)	[trat'tore]
colheitadeira (f)	**mietitrebbia** (f)	[mjeti'trebbia]
arado (m)	**aratro** (m)	[a'ratro]
arar (vt)	**arare** (vt)	[a'rare]
campo (m) lavrado	**terreno** (m) **coltivato**	[ter'reno kolti'vato]
sulco (m)	**solco** (m)	['solko]
semear (vt)	**seminare** (vt)	[semi'nare]
plantadeira (f)	**seminatrice** (f)	[semina'tritʃe]
semeadura (f)	**semina** (f)	['semina]
foice (m)	**falce** (f)	['faltʃe]
cortar com foice	**falciare** (vt)	[fal'tʃare]
pá (f)	**pala** (f)	['pala]
cavar (vt)	**scavare** (vt)	[ska'vare]
enxada (f)	**zappa** (f)	['tsappa]
capinar (vt)	**zappare** (vt)	[tsap'pare]
erva (f) daninha	**erbaccia** (f)	[er'batʃa]
regador (m)	**innaffiatoio** (m)	[innaffja'tojo]
regar (plantas)	**innaffiare** (vt)	[innaf'fjare]
rega (f)	**innaffiamento** (m)	[innaffja'mento]
forquilha (f)	**forca** (f)	['forka]
ancinho (m)	**rastrello** (m)	[ra'strello]
fertilizante (m)	**concime** (m)	[kon'tʃime]
fertilizar (vt)	**concimare** (vt)	[kontʃi'mare]
estrume, esterco (m)	**letame** (m)	[le'tame]
campo (m)	**campo** (m)	['kampo]
prado (m)	**prato** (m)	['prato]
horta (f)	**orto** (m)	['orto]
pomar (m)	**frutteto** (m)	[frut'teto]
pastar (vt)	**pascolare** (vt)	[pasko'lare]
pastor (m)	**pastore** (m)	[pa'store]
pastagem (f)	**pascolo** (m)	['paskolo]
pecuária (f)	**allevamento** (m) **di bestiame**	[alleva'mento di bes'tjame]
criação (f) de ovelhas	**allevamento** (m) **di pecore**	[alleva'mento di 'pekore]

plantação (f)	piantagione (f)	[pjanta'dʒone]
canteiro (m)	filare (m)	[fi'lare]
estufa (f)	serra (f) da orto	['serra da 'orto]

| seca (f) | siccità (f) | [sitʃi'ta] |
| seco (verão ~) | secco, arido | ['sekko], ['arido] |

| cereais (m pl) | cereali (m pl) | [tʃere'ali] |
| colher (vt) | raccogliere (vt) | [rak'koʎʎere] |

moleiro (m)	mugnaio (m)	[mu'ɲajo]
moinho (m)	mulino (m)	[mu'lino]
moer (vt)	macinare (vt)	[matʃi'nare]
farinha (f)	farina (f)	[fa'rina]
palha (f)	paglia (f)	['paʎʎa]

103. Construção. Processo de construção

canteiro (m) de obras	cantiere (m) edile	[kan'tjere 'edile]
construir (vt)	costruire (vt)	[kostru'ire]
construtor (m)	operaio (m) edile	[ope'rajo e'dile]

projeto (m)	progetto (m)	[pro'dʒetto]
arquiteto (m)	architetto (m)	[arki'tetto]
operário (m)	operaio (m)	[ope'rajo]

fundação (f)	fondamenta (f pl)	[fonda'menta]
telhado (m)	tetto (m)	['tetto]
estaca (f)	palo (m) di fondazione	['palo di fonda'tsjone]
parede (f)	muro (m)	['muro]

| colunas (f pl) de sustentação | barre (f pl) di rinforzo | ['barre di rin'fortso] |
| andaime (m) | impalcatura (f) | [impalka'tura] |

concreto (m)	beton (m)	[be'ton]
granito (m)	granito (m)	[gra'nito]
pedra (f)	pietra (f)	['pjetra]
tijolo (m)	mattone (m)	[mat'tone]

areia (f)	sabbia (f)	['sabbia]
cimento (m)	cemento (m)	[tʃe'mento]
emboço, reboco (m)	intonaco (m)	[in'tonako]
emboçar, rebocar (vt)	intonacare (vt)	[intona'kare]

tinta (f)	pittura (f)	[pit'tura]
pintar (vt)	pitturare (vt)	[pittu'rare]
barril (m)	botte (f)	['botte]

grua (f), guindaste (m)	gru (f)	[gru]
erguer (vt)	sollevare (vt)	[solle'vare]
baixar (vt)	abbassare (vt)	[abbas'sare]

| buldózer (m) | bulldozer (m) | [bulldo'dzer] |
| escavadora (f) | scavatrice (f) | [skava'tritʃe] |

caçamba (f)	**cucchiaia** (f)	[kuk'kjaja]
escavar (vt)	**scavare** (vt)	[ska'vare]
capacete (m) de proteção	**casco** (m)	['kasko]

Profissões e ocupações

104. Procura de emprego. Demissão

trabalho (m)	**lavoro** (m)	[la'voro]
equipe (f)	**organico** (m)	[or'ganiko]
pessoal (m)	**personale** (m)	[perso'nale]
carreira (f)	**carriera** (f)	[kar'rjera]
perspectivas (f pl)	**prospettiva** (f)	[prospet'tiva]
habilidades (f pl)	**abilità** (f pl)	[abili'ta]
seleção (f)	**selezione** (f)	[sele'tsjone]
agência (f) de emprego	**agenzia** (f) **di collocamento**	[adʒen'tsia di kolloka'mento]
currículo (m)	**curriculum vitae** (f)	[kur'rikulum 'vite]
entrevista (f) de emprego	**colloquio** (m)	[kol'lokwio]
vaga (f)	**posto** (m) **vacante**	['posto va'kante]
salário (m)	**salario** (m)	[sa'lario]
salário (m) fixo	**stipendio** (m) **fisso**	[sti'pendio 'fisso]
pagamento (m)	**compenso** (m)	[kom'penso]
cargo (m)	**carica** (f)	['karika]
dever (do empregado)	**mansione** (f)	[man'sjone]
gama (f) de deveres	**mansioni** (f pl) **di lavoro**	[man'sjoni di la'voro]
ocupado (adj)	**occupato**	[okku'pato]
despedir, demitir (vt)	**licenziare** (vt)	[litʃen'tsjare]
demissão (f)	**licenziamento** (m)	[litʃentsja'mento]
desemprego (m)	**disoccupazione** (f)	[disokkupa'tsjone]
desempregado (m)	**disoccupato** (m)	[disokku'pato]
aposentadoria (f)	**pensionamento** (m)	[pensjona'mento]
aposentar-se (vr)	**andare in pensione**	[an'dare in pen'sjone]

105. Gente de negócios

diretor (m)	**direttore** (m)	[diret'tore]
gerente (m)	**dirigente** (m)	[diri'dʒente]
patrão, chefe (m)	**capo** (m)	['kapo]
superior (m)	**capo** (m), **superiore** (m)	['kapo], [supe'rjore]
superiores (m pl)	**capi** (m pl)	['kapi]
presidente (m)	**presidente** (m)	[prezi'dente]
chairman (m)	**presidente** (m)	[prezi'dente]
substituto (m)	**vice** (m)	['vitʃe]
assistente (m)	**assistente** (m)	[assi'stente]

secretário (m)	**segretario** (m)	[segre'tario]
secretário (m) pessoal	**assistente** (m) **personale**	[assi'stente perso'nale]
homem (m) de negócios	**uomo** (m) **d'affari**	[u'omo daf'fari]
empreendedor (m)	**imprenditore** (m)	[imprendi'tore]
fundador (m)	**fondatore** (m)	[fonda'tore]
fundar (vt)	**fondare** (vt)	[fon'dare]
principiador (m)	**socio** (m)	['sotʃo]
parceiro, sócio (m)	**partner** (m)	['partner]
acionista (m)	**azionista** (m)	[atsio'nista]
milionário (m)	**milionario** (m)	[miljo'nario]
bilionário (m)	**miliardario** (m)	[miljar'dario]
proprietário (m)	**proprietario** (m)	[proprie'tario]
proprietário (m) de terras	**latifondista** (m)	[latifon'dista]
cliente (m)	**cliente** (m)	[kli'ente]
cliente (m) habitual	**cliente** (m) **abituale**	[kli'ente abitu'ale]
comprador (m)	**compratore** (m)	[kompra'tore]
visitante (m)	**visitatore** (m)	[vizita'tore]
profissional (m)	**professionista** (m)	[professjo'nista]
perito (m)	**esperto** (m)	[e'sperto]
especialista (m)	**specialista** (m)	[spetʃa'lista]
banqueiro (m)	**banchiere** (m)	[baŋ'kjere]
corretor (m)	**broker** (m)	['broker]
caixa (m, f)	**cassiere** (m)	[kas'sjere]
contador (m)	**contabile** (m)	[kon'tabile]
guarda (m)	**guardia** (f) **giurata**	['gwardia dʒu'rata]
investidor (m)	**investitore** (m)	[investi'tore]
devedor (m)	**debitore** (m)	[debi'tore]
credor (m)	**creditore** (m)	[kredi'tore]
mutuário (m)	**mutuatario** (m)	[mutua'tario]
importador (m)	**importatore** (m)	[importa'tore]
exportador (m)	**esportatore** (m)	[esporta'tore]
produtor (m)	**produttore** (m)	[produt'tore]
distribuidor (m)	**distributore** (m)	[distribu'tore]
intermediário (m)	**intermediario** (m)	[interme'djario]
consultor (m)	**consulente** (m)	[konsu'lente]
representante comercial	**rappresentante** (m)	[rapprezen'tante]
agente (m)	**agente** (m)	[a'dʒente]
agente (m) de seguros	**assicuratore** (m)	[assikura'tore]

106. Profissões de serviços

cozinheiro (m)	**cuoco** (m)	[ku'oko]
chefe (m) de cozinha	**capocuoco** (m)	[kapo·ku'oko]

padeiro (m)	**fornaio** (m)	[for'najo]
barman (m)	**barista** (m)	[ba'rista]
garçom (m)	**cameriere** (m)	[kame'rjere]
garçonete (f)	**cameriera** (f)	[kame'rjera]

advogado (m)	**avvocato** (m)	[avvo'kato]
jurista (m)	**esperto** (m) **legale**	[e'sperto le'gale]
notário (m)	**notaio** (m)	[no'tajo]

eletricista (m)	**elettricista** (m)	[elettri'tʃista]
encanador (m)	**idraulico** (m)	[i'drauliko]
carpinteiro (m)	**falegname** (m)	[fale'ɲame]

massagista (m)	**massaggiatore** (m)	[massadʒa'tore]
massagista (f)	**massaggiatrice** (f)	[massadʒa'tritʃe]
médico (m)	**medico** (m)	['mediko]

taxista (m)	**taxista** (m)	[ta'ksista]
condutor (automobilista)	**autista** (m)	[au'tista]
entregador (m)	**fattorino** (m)	[fatto'rino]

camareira (f)	**cameriera** (f)	[kame'rjera]
guarda (m)	**guardia** (f) **giurata**	['gwardia dʒu'rata]
aeromoça (f)	**hostess** (f)	['ostess]

professor (m)	**insegnante** (m, f)	[inse'ɲante]
bibliotecário (m)	**bibliotecario** (m)	[bibliote'kario]
tradutor (m)	**traduttore** (m)	[tradut'tore]
intérprete (m)	**interprete** (m)	[in'terprete]
guia (m)	**guida** (f)	['gwida]

cabeleireiro (m)	**parrucchiere** (m)	[parruk'kjere]
carteiro (m)	**postino** (m)	[po'stino]
vendedor (m)	**commesso** (m)	[kom'messo]

jardineiro (m)	**giardiniere** (m)	[dʒardi'njere]
criado (m)	**domestico** (m)	[do'mestiko]
criada (f)	**domestica** (f)	[do'mestika]
empregada (f) de limpeza	**donna** (f) **delle pulizie**	['donna 'delle puli'tsie]

107. Profissões militares e postos

soldado (m) raso	**soldato** (m) **semplice**	[sol'dato 'semplitʃe]
sargento (m)	**sergente** (m)	[ser'dʒente]
tenente (m)	**tenente** (m)	[te'nente]
capitão (m)	**capitano** (m)	[kapi'tano]

major (m)	**maggiore** (m)	[ma'dʒore]
coronel (m)	**colonnello** (m)	[kolon'nello]
general (m)	**generale** (m)	[dʒene'rale]
marechal (m)	**maresciallo** (m)	[mare'ʃallo]
almirante (m)	**ammiraglio** (m)	[ammi'raʎʎo]
militar (m)	**militare** (m)	[mili'tare]
soldado (m)	**soldato** (m)	[sol'dato]

oficial (m)	**ufficiale** (m)	[uffi'tʃale]
comandante (m)	**comandante** (m)	[koman'dante]

guarda (m) de fronteira	**guardia** (f) **di frontiera**	['gwardia di fron'tjera]
operador (m) de rádio	**marconista** (m)	[marko'nista]
explorador (m)	**esploratore** (m)	[esplora'tore]
sapador-mineiro (m)	**geniere** (m)	[dʒe'njere]
atirador (m)	**tiratore** (m)	[tira'tore]
navegador (m)	**navigatore** (m)	[naviga'tore]

108. Oficiais. Padres

rei (m)	**re** (m)	[re]
rainha (f)	**regina** (f)	[re'dʒina]

príncipe (m)	**principe** (m)	['printʃipe]
princesa (f)	**principessa** (f)	[printʃi'pessa]

czar (m)	**zar** (m)	[tsar]
czarina (f)	**zarina** (f)	[tsa'rina]

presidente (m)	**presidente** (m)	[prezi'dente]
ministro (m)	**ministro** (m)	[mi'nistro]
primeiro-ministro (m)	**primo ministro** (m)	['primo mi'nistro]
senador (m)	**senatore** (m)	[sena'tore]

diplomata (m)	**diplomatico** (m)	[diplo'matiko]
cônsul (m)	**console** (m)	['konsole]
embaixador (m)	**ambasciatore** (m)	[ambaʃa'tore]
conselheiro (m)	**consigliere** (m)	[konsiʎ'ʎere]

funcionário (m)	**funzionario** (m)	[funtsio'nario]
prefeito (m)	**prefetto** (m)	[pre'fetto]
Presidente (m) da Câmara	**sindaco** (m)	['sindako]

juiz (m)	**giudice** (m)	['dʒuditʃe]
procurador (m)	**procuratore** (m)	[prokura'tore]

missionário (m)	**missionario** (m)	[missio'nario]
monge (m)	**monaco** (m)	['monako]
abade (m)	**abate** (m)	[a'bate]
rabino (m)	**rabbino** (m)	[rab'bino]

vizir (m)	**visir** (m)	[vi'zir]
xá (m)	**scià** (m)	['ʃa]
xeique (m)	**sceicco** (m)	[ʃe'ikko]

109. Profissões agrícolas

abelheiro (m)	**apicoltore** (m)	[apikol'tore]
pastor (m)	**pastore** (m)	[pa'store]
agrônomo (m)	**agronomo** (m)	[a'gronomo]

criador (m) de gado	allevatore (m) di bestiame	[alleva'tore di bes'tjame]
veterinário (m)	veterinario (m)	[veteri'nario]
agricultor, fazendeiro (m)	fattore (m)	[fat'tore]
vinicultor (m)	vinificatore (m)	[vinifika'tore]
zoólogo (m)	zoologo (m)	[dzo'ologo]
vaqueiro (m)	cowboy (m)	[kaw'boj]

110. Profissões artísticas

ator (m)	attore (m)	[at'tore]
atriz (f)	attrice (f)	[at'tritʃe]
cantor (m)	cantante (m)	[kan'tante]
cantora (f)	cantante (f)	[kan'tante]
bailarino (m)	danzatore (m)	[dantsa'tore]
bailarina (f)	ballerina (f)	[balle'rina]
artista (m)	artista (m)	[ar'tista]
artista (f)	artista (f)	[ar'tista]
músico (m)	musicista (m)	[muzi'tʃista]
pianista (m)	pianista (m)	[pia'nista]
guitarrista (m)	chitarrista (m)	[kitar'rista]
maestro (m)	direttore (m) d'orchestra	[diret'tore dor'kestra]
compositor (m)	compositore (m)	[kompozi'tore]
empresário (m)	impresario (m)	[impre'zario]
diretor (m) de cinema	regista (m)	[re'dʒista]
produtor (m)	produttore (m)	[produt'tore]
roteirista (m)	sceneggiatore (m)	[ʃenedʒa'tore]
crítico (m)	critico (m)	['kritiko]
escritor (m)	scrittore (m)	[skrit'tore]
poeta (m)	poeta (m)	[po'eta]
escultor (m)	scultore (m)	[skul'tore]
pintor (m)	pittore (m)	[pit'tore]
malabarista (m)	giocoliere (m)	[dʒoko'ljere]
palhaço (m)	pagliaccio (m)	[paʎ'ʎatʃo]
acrobata (m)	acrobata (m)	[a'krobata]
ilusionista (m)	prestigiatore (m)	[prestidʒa'tore]

111. Várias profissões

médico (m)	medico (m)	['mediko]
enfermeira (f)	infermiera (f)	[infer'mjera]
psiquiatra (m)	psichiatra (m)	[psiki'atra]
dentista (m)	dentista (m)	[den'tista]
cirurgião (m)	chirurgo (m)	[ki'rurgo]

astronauta (m)	**astronauta** (m)	[astro'nauta]
astrônomo (m)	**astronomo** (m)	[a'stronomo]
motorista (m)	**autista** (m)	[au'tista]
maquinista (m)	**macchinista** (m)	[makki'nista]
mecânico (m)	**meccanico** (m)	[mek'kaniko]
mineiro (m)	**minatore** (m)	[mina'tore]
operário (m)	**operaio** (m)	[ope'rajo]
serralheiro (m)	**operaio** (m) **metallurgico**	[ope'rajo metal'lurdʒiko]
marceneiro (m)	**falegname** (m)	[fale'ɲame]
torneiro (m)	**tornitore** (m)	[torni'tore]
construtor (m)	**operaio** (m) **edile**	[ope'rajo e'dile]
soldador (m)	**saldatore** (m)	[salda'tore]
professor (m)	**professore** (m)	[profes'sore]
arquiteto (m)	**architetto** (m)	[arki'tetto]
historiador (m)	**storico** (m)	['storiko]
cientista (m)	**scienziato** (m)	[ʃien'tsjato]
físico (m)	**fisico** (m)	['fiziko]
químico (m)	**chimico** (m)	['kimiko]
arqueólogo (m)	**archeologo** (m)	[arke'ologo]
geólogo (m)	**geologo** (m)	[dʒe'ologo]
pesquisador (cientista)	**ricercatore** (m)	[ritʃerka'tore]
babysitter, babá (f)	**baby-sitter** (f)	[bebi'siter]
professor (m)	**insegnante** (m, f)	[inse'ɲante]
redator (m)	**redattore** (m)	[redat'tore]
redator-chefe (m)	**redattore capo** (m)	[redat'tore 'kapo]
correspondente (m)	**corrispondente** (m)	[korrispon'dente]
datilógrafa (f)	**dattilografa** (f)	[datti'lografa]
designer (m)	**designer** (m)	[di'zajner]
especialista (m) em informática	**esperto** (m) **informatico**	[e'sperto infor'matiko]
programador (m)	**programmatore** (m)	[programma'tore]
engenheiro (m)	**ingegnere** (m)	[indʒe'ɲere]
marujo (m)	**marittimo** (m)	[ma'rittimo]
marinheiro (m)	**marinaio** (m)	[mari'najo]
socorrista (m)	**soccorritore** (m)	[sokkorri'tore]
bombeiro (m)	**pompiere** (m)	[pom'pjere]
polícia (m)	**poliziotto** (m)	[poli'tsjotto]
guarda-noturno (m)	**guardiano** (m)	[gwar'djano]
detetive (m)	**detective** (m)	[de'tektiv]
funcionário (m) da alfândega	**doganiere** (m)	[doga'njere]
guarda-costas (m)	**guardia** (f) **del corpo**	['gwardia del 'korpo]
guarda (m) prisional	**guardia** (f) **carceraria**	['gwardia kartʃe'raria]
inspetor (m)	**ispettore** (m)	[ispet'tore]
esportista (m)	**sportivo** (m)	[spor'tivo]
treinador (m)	**allenatore** (m)	[allena'tore]

açougueiro (m)	macellaio (m)	[matʃel'lajo]
sapateiro (m)	calzolaio (m)	[kaltso'lajo]
comerciante (m)	uomo (m) d'affari	[u'omo daf'fari]
carregador (m)	caricatore (m)	[karika'tore]

estilista (m)	stilista (m)	[sti'lista]
modelo (f)	modella (f)	[mo'della]

112. Ocupações. Estatuto social

estudante (~ de escola)	scolaro (m)	[sko'laro]
estudante (~ universitária)	studente (m)	[stu'dente]

filósofo (m)	filosofo (m)	[fi'lozofo]
economista (m)	economista (m)	[ekono'mista]
inventor (m)	inventore (m)	[inven'tore]

desempregado (m)	disoccupato (m)	[disokku'pato]
aposentado (m)	pensionato (m)	[pensjo'nato]
espião (m)	spia (f)	['spia]

preso, prisioneiro (m)	detenuto (m)	[dete'nuto]
grevista (m)	scioperante (m)	[ʃope'rante]
burocrata (m)	burocrate (m)	[bu'rokrate]
viajante (m)	viaggiatore (m)	[vjadʒa'tore]

homossexual (m)	omosessuale (m)	[omosessu'ale]
hacker (m)	hacker (m)	['aker]
hippie (m, f)	hippy	['ippi]

bandido (m)	bandito (m)	[ban'dito]
assassino (m)	sicario (m)	[si'kario]
drogado (m)	drogato (m)	[dro'gato]
traficante (m)	trafficante (m) di droga	[traffi'kante di 'droga]
prostituta (f)	prostituta (f)	[prosti'tuta]
cafetão (m)	magnaccia (m)	[ma'ɲatʃa]

bruxo (m)	stregone (m)	[stre'gone]
bruxa (f)	strega (f)	['strega]
pirata (m)	pirata (m)	[pi'rata]
escravo (m)	schiavo (m)	['skjavo]
samurai (m)	samurai (m)	[samu'raj]
selvagem (m)	selvaggio (m)	[sel'vadʒo]

Desportos

113. Tipos de desportos. Desportistas

esportista (m)	sportivo (m)	[spor'tivo]
tipo (m) de esporte	sport (m)	[sport]
basquete (m)	pallacanestro (m)	[pallaka'nestro]
jogador (m) de basquete	cestista (m)	[ʧes'tista]
beisebol (m)	baseball (m)	['bejzbol]
jogador (m) de beisebol	giocatore (m) di baseball	[dʒoka'tore di 'bejzbol]
futebol (m)	calcio (m)	['kalʧo]
jogador (m) de futebol	calciatore (m)	[kalʧa'tore]
goleiro (m)	portiere (m)	[por'tjere]
hóquei (m)	hockey (m)	['okkej]
jogador (m) de hóquei	hockeista (m)	[okke'ista]
vôlei (m)	pallavolo (m)	[palla'volo]
jogador (m) de vôlei	pallavolista (m)	[pallavo'lista]
boxe (m)	pugilato (m)	[pudʒi'lato]
boxeador (m)	pugile (m)	['pudʒile]
luta (f)	lotta (f)	['lotta]
lutador (m)	lottatore (m)	[lotta'tore]
caratê (m)	karate (m)	[ka'rate]
carateca (m)	karateka (m)	[kara'teka]
judô (m)	judo (m)	['dʒudo]
judoca (m)	judoista (m)	[dʒudo'ista]
tênis (m)	tennis (m)	['tennis]
tenista (m)	tennista (m)	[ten'nista]
natação (f)	nuoto (m)	[nu'oto]
nadador (m)	nuotatore (m)	[nuota'tore]
esgrima (f)	scherma (f)	['skerma]
esgrimista (m)	schermitore (m)	[skermi'tore]
xadrez (m)	scacchi (m pl)	['skakki]
jogador (m) de xadrez	scacchista (m)	[skak'kista]
alpinismo (m)	alpinismo (m)	[alpi'nizmo]
alpinista (m)	alpinista (m)	[alpi'nista]
corrida (f)	corsa (f)	['korsa]

corredor (m)	corridore (m)	[korri'dore]
atletismo (m)	atletica (f) leggera	[a'tletika le'dʒera]
atleta (m)	atleta (m)	[a'tleta]
hipismo (m)	ippica (f)	['ippika]
cavaleiro (m)	fantino (m)	[fan'tino]
patinação (f) artística	pattinaggio (m) artistico	[patti'nadʒo ar'tistiko]
patinador (m)	pattinatore (m)	[pattina'tore]
patinadora (f)	pattinatrice (f)	[pattina'tritʃe]
halterofilismo (m)	pesistica (f)	[pe'zistika]
halterofilista (m)	pesista (m)	[pe'zista]
corrida (f) de carros	automobilismo (m)	[automobi'lizmo]
piloto (m)	pilota (m)	[pi'lota]
ciclismo (m)	ciclismo (m)	[tʃik'lizmo]
ciclista (m)	ciclista (m)	[tʃik'lista]
salto (m) em distância	salto (m) in lungo	['salto in 'lungo]
salto (m) com vara	salto (m) con l'asta	['salto kon 'lasta]
atleta (m) de saltos	saltatore (m)	[salta'tore]

114. Tipos de desportos. Diversos

futebol (m) americano	football (m) americano	['futboll ameri'kano]
badminton (m)	badminton (m)	['badminton]
biatlo (m)	biathlon (m)	['biatlon]
bilhar (m)	biliardo (m)	[bi'ljardo]
bobsled (m)	bob (m)	[bob]
musculação (f)	culturismo (m)	[kultu'rizmo]
polo (m) aquático	pallanuoto (m)	[pallanu'oto]
handebol (m)	pallamano (m)	[palla'mano]
golfe (m)	golf (m)	[golf]
remo (m)	canottaggio (m)	[kanot'tadʒo]
mergulho (m)	immersione (f) subacquea	[immer'sjone su'bakvea]
corrida (f) de esqui	sci (m) di fondo	[ʃi di 'fondo]
tênis (m) de mesa	tennis (m) da tavolo	['tennis da 'tavolo]
vela (f)	vela (f)	['vela]
rali (m)	rally (m)	['relli]
rúgbi (m)	rugby (m)	['ragbi]
snowboard (m)	snowboard (m)	['znobord]
arco-e-flecha (m)	tiro (m) con l'arco	['tiro kon 'larko]

115. Ginásio

barra (f)	bilanciere (m)	[bilan'tʃere]
halteres (m pl)	manubri (m pl)	[ma'nubri]
aparelho (m) de musculação	attrezzo (m) sportivo	[at'trettso spor'tivo]

bicicleta (f) ergométrica	cyclette (f)	[si'klett]
esteira (f) de corrida	tapis roulant (m)	[ta'pi ru'lan]

barra (f) fixa	sbarra (f)	['zbarra]
barras (f pl) paralelas	parallele (f pl)	[paral'lele]
cavalo (m)	cavallo (m)	[ka'vallo]
tapete (m) de ginástica	materassino (m)	[materas'sino]

corda (f) de saltar	corda (f) per saltare	['korda per sal'tare]
aeróbica (f)	aerobica (f)	[ae'robika]
ioga, yoga (f)	yoga (m)	['joga]

116. Desportos. Diversos

Jogos (m pl) Olímpicos	Giochi (m pl) Olimpici	['dʒoki o'limpitʃi]
vencedor (m)	vincitore (m)	[vintʃi'tore]
vencer (vi)	ottenere la vittoria	[otte'nere la vit'toria]
vencer (vi, vt)	vincere (vi)	['vintʃere]

líder (m)	leader (m), capo (m)	['lider], ['kapo]
liderar (vt)	essere alla guida	['essere 'alla 'gwida]

primeiro lugar (m)	primo posto (m)	['primo 'posto]
segundo lugar (m)	secondo posto (m)	[se'kondo 'posto]
terceiro lugar (m)	terzo posto (m)	['tertso 'posto]

medalha (f)	medaglia (f)	[me'daʎʎa]
troféu (m)	trofeo (m)	[tro'feo]
taça (f)	coppa (f)	['koppa]
prêmio (m)	premio (m)	['premio]
prêmio (m) principal	primo premio (m)	['primo 'premio]

recorde (m)	record (m)	['rekord]
estabelecer um recorde	stabilire un record	[stabi'lire un 'rekord]

final (m)	finale (m)	[fi'nale]
final (adj)	finale	[fi'nale]

campeão (m)	campione (m)	[kam'pjone]
campeonato (m)	campionato (m)	[kampjo'nato]

estádio (m)	stadio (m)	['stadio]
arquibancadas (f pl)	tribuna (f)	[tri'buna]
fã, torcedor (m)	tifoso, fan (m)	[ti'fozo], [fan]
adversário (m)	avversario (m)	[avver'sario]

partida (f)	partenza (f)	[par'tentsa]
linha (f) de chegada	traguardo (m)	[tra'gwardo]

derrota (f)	sconfitta (f)	[skon'fitta]
perder (vt)	perdere (vt)	['perdere]

árbitro, juiz (m)	arbitro (m)	['arbitro]
júri (m)	giuria (f)	[dʒu'ria]

resultado (m)	**punteggio** (m)	[pun'tedʒo]
empate (m)	**pareggio** (m)	[pa'redʒo]
empatar (vi)	**pareggiare** (vi)	[pare'dʒare]
ponto (m)	**punto** (m)	['punto]
resultado (m) final	**risultato** (m)	[rizul'tato]
tempo (m)	**tempo** (m)	['tempo]
intervalo (m)	**intervallo** (m)	[inter'vallo]
doping (m)	**doping** (m)	['doping]
penalizar (vt)	**penalizzare** (vt)	[penalid'dzare]
desqualificar (vt)	**squalificare** (vt)	[skwalifi'kare]
aparelho, aparato (m)	**attrezzatura** (f)	[attrettsa'tura]
dardo (m)	**giavellotto** (m)	[dʒavel'lotto]
peso (m)	**peso** (m)	['pezo]
bola (f)	**biglia** (f)	['biʎʎa]
alvo, objetivo (m)	**obiettivo** (m)	[objet'tivo]
alvo (~ de papel)	**bersaglio** (m)	[ber'saʎʎo]
disparar, atirar (vi)	**sparare** (vi)	[spa'rare]
preciso (tiro ~)	**preciso**	[pre'tʃizo]
treinador (m)	**allenatore** (m)	[allena'tore]
treinar (vt)	**allenare** (vt)	[alle'nare]
treinar-se (vr)	**allenarsi** (vr)	[alle'narsi]
treino (m)	**allenamento** (m)	[allena'mento]
academia (f) de ginástica	**palestra** (f)	[pa'lestra]
exercício (m)	**esercizio** (m)	[ezer'tʃitsio]
aquecimento (m)	**riscaldamento** (m)	[riskalda'mento]

Educação

117. Escola

escola (f)	scuola (f)	['skwola]
diretor (m) de escola	direttore (m) di scuola	[diret'tore di 'skwola]
aluno (m)	allievo (m)	[al'ljevo]
aluna (f)	allieva (f)	[al'ljeva]
estudante (m)	scolaro (m)	[sko'laro]
estudante (f)	scolara (f)	[sko'lara]
ensinar (vt)	insegnare	[inse'ɲare]
aprender (vt)	imparare (vt)	[impa'rare]
decorar (vt)	imparare a memoria	[impa'rare a me'moria]
estudar (vi)	studiare (vi)	[stu'djare]
estar na escola	frequentare la scuola	[frekwen'tare la 'skwola]
ir à escola	andare a scuola	[an'dare a 'skwola]
alfabeto (m)	alfabeto (m)	[alfa'beto]
disciplina (f)	materia (f)	[ma'teria]
sala (f) de aula	classe (f)	['klasse]
lição, aula (f)	lezione (f)	[le'tsjone]
recreio (m)	ricreazione (f)	[rikrea'tsjone]
toque (m)	campanella (f)	[kampa'nella]
classe (f)	banco (m)	['banko]
quadro (m) negro	lavagna (f)	[la'vaɲa]
nota (f)	voto (m)	['voto]
boa nota (f)	voto (m) alto	['voto 'alto]
nota (f) baixa	voto (m) basso	['voto 'basso]
dar uma nota	dare un voto	['dare un 'voto]
erro (m)	errore (m)	[er'rore]
errar (vi)	fare errori	['fare er'rori]
corrigir (~ um erro)	correggere (vt)	[kor'redʒere]
cola (f)	bigliettino (m)	[biʎʎet'tino]
dever (m) de casa	compiti (m pl)	['kompiti]
exercício (m)	esercizio (m)	[ezer'tʃitsio]
estar presente	essere presente	['essere pre'zente]
estar ausente	essere assente	['essere as'sente]
faltar às aulas	mancare le lezioni	[man'kare le le'tsjoni]
punir (vt)	punire (vt)	[pu'nire]
punição (f)	punizione (f)	[puni'tsjone]
comportamento (m)	comportamento (m)	[komporta'mento]

boletim (m) escolar	pagella (f)	[pa'dʒella]
lápis (m)	matita (f)	[ma'tita]
borracha (f)	gomma (f) per cancellare	['gomma per kantʃel'lare]
giz (m)	gesso (m)	['dʒesso]
porta-lápis (m)	astuccio (m) portamatite	[as'tutʃo portama'tite]
mala, pasta, mochila (f)	cartella (f)	[kar'tella]
caneta (f)	penna (f)	['penna]
caderno (m)	quaderno (m)	[kwa'derno]
livro (m) didático	manuale (m)	[manu'ale]
compasso (m)	compasso (m)	[kom'passo]
traçar (vt)	disegnare (vt)	[dize'ɲare]
desenho (m) técnico	disegno (m) tecnico	[di'zeɲo 'tekniko]
poesia (f)	poesia (f)	[poe'zia]
de cor	a memoria	[a me'moria]
decorar (vt)	imparare a memoria	[impa'rare a me'moria]
férias (f pl)	vacanze (f pl) scolastiche	[va'kantse sko'lastike]
estar de férias	essere in vacanza	['essere in va'kantsa]
passar as férias	passare le vacanze	[pas'sare le va'kantse]
teste (m), prova (f)	prova (f) scritta	['prova 'skritta]
redação (f)	composizione (f)	[kompozi'tsjone]
ditado (m)	dettato (m)	[det'tato]
exame (m), prova (f)	esame (m)	[e'zame]
fazer prova	sostenere un esame	[soste'neme un e'zame]
experiência (~ química)	esperimento (m)	[esperi'mento]

118. Colégio. Universidade

academia (f)	accademia (f)	[akka'demia]
universidade (f)	università (f)	[universi'ta]
faculdade (f)	facoltà (f)	[fakol'ta]
estudante (m)	studente (m)	[stu'dente]
estudante (f)	studentessa (f)	[studen'tessa]
professor (m)	docente (m, f)	[do'tʃente]
auditório (m)	aula (f)	['aula]
graduado (m)	diplomato (m)	[diplo'mato]
diploma (m)	diploma (m)	[di'ploma]
tese (f)	tesi (f)	['tezi]
estudo (obra)	ricerca (f)	[ri'tʃerka]
laboratório (m)	laboratorio (m)	[labora'torio]
palestra (f)	lezione (f)	[le'tsjone]
colega (m) de curso	compagno (m) di corso	[kom'paɲo di 'korso]
bolsa (f) de estudos	borsa (f) di studio	['borsa di 'studio]
grau (m) acadêmico	titolo (m) accademico	['titolo akka'demiko]

119. Ciências. Disciplinas

matemática (f)	**matematica** (f)	[mate'matika]
álgebra (f)	**algebra** (f)	['aldʒebra]
geometria (f)	**geometria** (f)	[dʒeome'tria]
astronomia (f)	**astronomia** (f)	[astrono'mia]
biologia (f)	**biologia** (f)	[biolo'dʒia]
geografia (f)	**geografia** (f)	[dʒeogra'fia]
geologia (f)	**geologia** (f)	[dʒeolo'dʒia]
história (f)	**storia** (f)	['storia]
medicina (f)	**medicina** (f)	[medi'tʃina]
pedagogia (f)	**pedagogia** (f)	[pedago'dʒia]
direito (m)	**diritto** (m)	[di'ritto]
física (f)	**fisica** (f)	['fizika]
química (f)	**chimica** (f)	['kimika]
filosofia (f)	**filosofia** (f)	[filozo'fia]
psicologia (f)	**psicologia** (f)	[psikolo'dʒia]

120. Sistema de escrita. Ortografia

gramática (f)	**grammatica** (f)	[gram'matika]
vocabulário (m)	**lessico** (m)	['lessiko]
fonética (f)	**fonetica** (f)	[fo'netika]
substantivo (m)	**sostantivo** (m)	[sostan'tivo]
adjetivo (m)	**aggettivo** (m)	[adʒet'tivo]
verbo (m)	**verbo** (m)	['verbo]
advérbio (m)	**avverbio** (m)	[av'verbio]
pronome (m)	**pronome** (m)	[pro'nome]
interjeição (f)	**interiezione** (f)	[interje'tsjone]
preposição (f)	**preposizione** (f)	[prepozi'tsjone]
raiz (f)	**radice** (f)	[ra'ditʃe]
terminação (f)	**desinenza** (f)	[dezi'nentsa]
prefixo (m)	**prefisso** (m)	[pre'fisso]
sílaba (f)	**sillaba** (f)	['sillaba]
sufixo (m)	**suffisso** (m)	[suf'fisso]
acento (m)	**accento** (m)	[a'tʃento]
apóstrofo (f)	**apostrofo** (m)	[a'postrofo]
ponto (m)	**punto** (m)	['punto]
vírgula (f)	**virgola** (f)	['virgola]
ponto e vírgula (m)	**punto** (m) **e virgola**	['punto e 'virgola]
dois pontos (m pl)	**due punti**	['due 'punti]
reticências (f pl)	**puntini** (m pl) **di sospensione**	[pun'tini di sospen'sjone]
ponto (m) de interrogação	**punto** (m) **interrogativo**	['punto interroga'tivo]
ponto (m) de exclamação	**punto** (m) **esclamativo**	['punto esklama'tivo]

aspas (f pl)	virgolette (f pl)	[virgo'lette]
entre aspas	tra virgolette	[tra virgo'lette]
parênteses (m pl)	parentesi (f pl)	[pa'rentezi]
entre parênteses	tra parentesi	[tra pa'rentezi]
hífen (m)	trattino (m)	[trat'tino]
travessão (m)	lineetta (f)	[line'etta]
espaço (m)	spazio (m)	['spatsio]
letra (f)	lettera (f)	['lettera]
letra (f) maiúscula	lettera (f) maiuscola	['lettera ma'juskola]
vogal (f)	vocale (f)	[vo'kale]
consoante (f)	consonante (f)	[konso'nante]
frase (f)	proposizione (f)	[propozi'tsjone]
sujeito (m)	soggetto (m)	[so'dʒetto]
predicado (m)	predicato (m)	[predi'kato]
linha (f)	riga (f)	['riga]
em uma nova linha	a capo	[a 'kapo]
parágrafo (m)	capoverso (m)	[kapo'verso]
palavra (f)	parola (f)	[pa'rola]
grupo (m) de palavras	gruppo (m) di parole	['gruppo di pa'role]
expressão (f)	espressione (f)	[espres'sjone]
sinônimo (m)	sinonimo (m)	[si'nonimo]
antônimo (m)	antonimo (m)	[an'tonimo]
regra (f)	regola (f)	['regola]
exceção (f)	eccezione (f)	[etʃe'tsjone]
correto (adj)	corretto	[kor'retto]
conjugação (f)	coniugazione (f)	[konjuga'tsjone]
declinação (f)	declinazione (f)	[deklina'tsjone]
caso (m)	caso (m) nominativo	['kazo nomina'tivo]
pergunta (f)	domanda (f)	[do'manda]
sublinhar (vt)	sottolineare (vt)	[sottoline'are]
linha (f) pontilhada	linea (f) tratteggiata	['linea tratte'dʒata]

121. Línguas estrangeiras

língua (f)	lingua (f)	['lingua]
estrangeiro (adj)	straniero	[stra'njero]
língua (f) estrangeira	lingua (f) straniera	['lingua stra'njera]
estudar (vt)	studiare (vt)	[stu'djare]
aprender (vt)	imparare (vt)	[impa'rare]
ler (vt)	leggere (vi, vt)	['ledʒere]
falar (vi)	parlare (vi, vt)	[par'lare]
entender (vt)	capire (vt)	[ka'pire]
escrever (vt)	scrivere (vi, vt)	['skrivere]
rapidamente	rapidamente	[rapida'mente]
devagar, lentamente	lentamente	[lenta'mente]

fluentemente	correntemente	[korrente'mente]
regras (f pl)	regole (f pl)	['regole]
gramática (f)	grammatica (f)	[gram'matika]
vocabulário (m)	lessico (m)	['lessiko]
fonética (f)	fonetica (f)	[fo'netika]

livro (m) didático	manuale (m)	[manu'ale]
dicionário (m)	dizionario (m)	[ditsjo'nario]
manual (m) autodidático	manuale (m) autodidattico	[manu'ale autodi'dattiko]
guia (m) de conversação	frasario (m)	[fra'zario]

fita (f) cassete	cassetta (f)	[kas'setta]
videoteipe (m)	videocassetta (f)	[video·kas'setta]
CD (m)	CD (m)	[tʃi'di]
DVD (m)	DVD (m)	[divu'di]

alfabeto (m)	alfabeto (m)	[alfa'beto]
soletrar (vt)	compitare (vt)	[kompi'tare]
pronúncia (f)	pronuncia (f)	[pro'nuntʃa]

sotaque (m)	accento (m)	[a'tʃento]
com sotaque	con un accento	[kon un a'tʃento]
sem sotaque	senza accento	['sentsa a'tʃento]

| palavra (f) | vocabolo (m) | [vo'kabolo] |
| sentido (m) | significato (m) | [siɲifi'kato] |

curso (m)	corso (m)	['korso]
inscrever-se (vr)	iscriversi (vr)	[is'kriversi]
professor (m)	insegnante (m, f)	[inse'ɲante]

tradução (processo)	traduzione (f)	[tradu'tsjone]
tradução (texto)	traduzione (f)	[tradu'tsjone]
tradutor (m)	traduttore (m)	[tradut'tore]
intérprete (m)	interprete (m)	[in'terprete]

| poliglota (m) | poliglotta (m) | [poli'glotta] |
| memória (f) | memoria (f) | [me'moria] |

122. Personagens de contos de fadas

Papai Noel (m)	Babbo Natale (m)	['babbo na'tale]
Cinderela (f)	Cenerentola (f)	[tʃene'rentola]
sereia (f)	sirena (f)	[si'rena]
Netuno (m)	Nettuno (m)	[net'tuno]

bruxo, feiticeiro (m)	mago (m)	['mago]
fada (f)	fata (f)	['fata]
mágico (adj)	magico	['madʒiko]
varinha (f) mágica	bacchetta (f) magica	[bak'ketta 'madʒika]

conto (m) de fadas	fiaba (f), favola (f)	['fjaba], ['favola]
milagre (m)	miracolo (m)	[mi'rakolo]
anão (m)	nano (m)	['nano]

transformar-se em ...	**trasformarsi in ...**	[trasfor'marsi in]
fantasma (m)	**fantasma** (m)	[fan'tazma]
fantasma (m)	**spettro** (m)	['spettro]
monstro (m)	**mostro** (m)	['mostro]
dragão (m)	**drago** (m)	['drago]
gigante (m)	**gigante** (m)	[dʒi'gante]

123. Signos do Zodíaco

Áries (f)	**Ariete** (m)	[a'rjete]
Touro (m)	**Toro** (m)	['toro]
Gêmeos (m pl)	**Gemelli** (m pl)	[dʒe'melli]
Câncer (m)	**Cancro** (m)	['kankro]
Leão (m)	**Leone** (m)	[le'one]
Virgem (f)	**Vergine** (f)	['verdʒine]
Libra (f)	**Bilancia** (f)	[bi'lantʃa]
Escorpião (m)	**Scorpione** (m)	[skor'pjone]
Sagitário (m)	**Sagittario** (m)	[sadʒit'tario]
Capricórnio (m)	**Capricorno** (m)	[kapri'korno]
Aquário (m)	**Acquario** (m)	[a'kwario]
Peixes (pl)	**Pesci** (m pl)	['peʃi]
caráter (m)	**carattere** (m)	[ka'rattere]
traços (m pl) do caráter	**tratti** (m pl) **del carattere**	['tratti del ka'rattere]
comportamento (m)	**comportamento** (m)	[komporta'mento]
prever a sorte	**predire il futuro**	[pre'dire il fu'turo]
adivinha (f)	**cartomante** (f)	[karto'mante]
horóscopo (m)	**oroscopo** (m)	[o'roskopo]

Artes

124. Teatro

teatro (m)	teatro (m)	[te'atro]
ópera (f)	opera (f)	['opera]
opereta (f)	operetta (f)	[ope'retta]
balé (m)	balletto (m)	[bal'letto]

cartaz (m)	cartellone (m)	[kartel'lone]
companhia (f) de teatro	compagnia (f) teatrale	[kompa'ɲia tea'trale]
turnê (f)	tournée (f)	[tur'ne]
estar em turnê	andare in tournée	[an'dare in tur'ne]
ensaiar (vt)	fare le prove	['fare le 'prove]
ensaio (m)	prova (f)	['prova]
repertório (m)	repertorio (m)	[reper'torio]

apresentação (f)	rappresentazione (f)	[rapprezenta'tsjone]
espetáculo (m)	spettacolo (m)	[spet'takolo]
peça (f)	opera (f) teatrale	['opera tea'trale]
entrada (m)	biglietto (m)	[biʎ'ʎetto]
bilheteira (f)	botteghino (m)	[botte'gino]
hall (m)	hall (f)	[oll]
vestiário (m)	guardaroba (f)	[gwarda'roba]
senha (f) numerada	cartellino (m) del guardaroba	[kartel'lino del gwarda'roba]

| binóculo (m) | binocolo (m) | [bi'nokolo] |
| lanterninha (m) | maschera (f) | ['maskera] |

plateia (f)	platea (f)	['platea]
balcão (m)	balconata (f)	[balko'nata]
primeiro balcão (m)	prima galleria (f)	['prima galle'ria]
camarote (m)	palco (m)	['palko]
fila (f)	fila (f)	['fila]
assento (m)	posto (m)	['posto]

público (m)	pubblico (m)	['pubbliko]
espectador (m)	spettatore (m)	[spetta'tore]
aplaudir (vt)	battere le mani	['battere le 'mani]
aplauso (m)	applauso (m)	[app'lauzo]
ovação (f)	ovazione (f)	[ova'tsjone]

palco (m)	palcoscenico (m)	[palko'ʃeniko]
cortina (f)	sipario (m)	[si'pario]
cenário (m)	scenografia (f)	[ʃenogra'fia]
bastidores (m pl)	quinte (f pl)	['kwinte]

cena (f)	scena (f)	['ʃena]
ato (m)	atto (m)	['atto]
intervalo (m)	intervallo (m)	[inter'vallo]

125. Cinema

| ator (m) | attore (m) | [at'tore] |
| atriz (f) | attrice (f) | [at'tritʃe] |

cinema (m)	cinema (m)	['tʃinema]
filme (m)	film (m)	[film]
episódio (m)	puntata (f)	[pun'tata]

filme (m) policial	film (m) giallo	[film 'dʒallo]
filme (m) de ação	film (m) d'azione	[film da'tsjone]
filme (m) de aventuras	film (m) d'avventure	[film davven'ture]
filme (m) de ficção científica	film (m) di fantascienza	['film de fanta'ʃentsa]
filme (m) de horror	film (m) d'orrore	[film dor'rore]

comédia (f)	film (m) comico	[film 'komiko]
melodrama (m)	melodramma (m)	[melo'dramma]
drama (m)	dramma (m)	['dramma]

filme (m) de ficção	film (m) a soggetto	[film a so'dʒetto]
documentário (m)	documentario (m)	[dokumen'tario]
desenho (m) animado	cartoni (m pl) animati	[kar'toni ani'mati]
cinema (m) mudo	cinema (m) muto	['tʃinema 'muto]

papel (m)	parte (f)	['parte]
papel (m) principal	parte (f) principale	['parte printʃi'pale]
representar (vt)	recitare (vi, vt)	[retʃi'tare]

estrela (f) de cinema	star (f), stella (f)	[star], ['stella]
conhecido (adj)	noto	['noto]
famoso (adj)	famoso	[fa'mozo]
popular (adj)	popolare	[popo'lare]

roteiro (m)	sceneggiatura (m)	[ʃenedʒa'tura]
roteirista (m)	sceneggiatore (m)	[ʃenedʒa'tore]
diretor (m) de cinema	regista (m)	[re'dʒista]
produtor (m)	produttore (m)	[produt'tore]
assistente (m)	assistente (m)	[assi'stente]
diretor (m) de fotografia	cameraman (m)	[kamera'men]
dublê (m)	cascatore (m)	[kaska'tore]
dublê (m) de corpo	controfigura (f)	[kontrofi'gura]

filmar (vt)	girare un film	[dʒi'rare un film]
audição (f)	provino (m)	[pro'vino]
filmagem (f)	ripresa (f)	[ri'preza]
equipe (f) de filmagem	troupe (f) cinematografica	[trup tʃinemato'grafika]
set (m) de filmagem	set (m)	[set]
câmera (f)	cinepresa (f)	[tʃine'preza]

cinema (m)	cinema (m)	['tʃinema]
tela (f)	schermo (m)	['skermo]
exibir um filme	proiettare un film	[projet'tare un film]

| trilha (f) sonora | colonna (f) sonora | [ko'lonna so'nora] |
| efeitos (m pl) especiais | effetti (m pl) speciali | [ef'fetti spe'tʃali] |

legendas (f pl)	**sottotitoli** (m pl)	[sotto'titoli]
crédito (m)	**titoli** (m pl) **di coda**	['titoli di 'koda]
tradução (f)	**traduzione** (f)	[tradu'tsjone]

126. Pintura

arte (f)	**arte** (f)	['arte]
belas-artes (f pl)	**belle arti** (f pl)	['belle 'arti]
galeria (f) de arte	**galleria** (f) **d'arte**	[galle'ria 'darte]
exibição (f) de arte	**mostra** (f)	['mostra]
pintura (f)	**pittura** (f)	[pit'tura]
arte (f) gráfica	**grafica** (f)	['grafika]
arte (f) abstrata	**astrattismo** (m)	[astrat'tizmo]
impressionismo (m)	**impressionismo** (m)	[impressio'nizmo]
pintura (f), quadro (m)	**quadro** (m)	['kwadro]
desenho (m)	**disegno** (m)	[di'zeɲo]
cartaz, pôster (m)	**cartellone** (m)	[kartel'lone]
ilustração (f)	**illustrazione** (f)	[illustra'tsjone]
miniatura (f)	**miniatura** (f)	[minia'tura]
cópia (f)	**copia** (f)	['kopia]
reprodução (f)	**riproduzione** (f)	[riprodu'tsjone]
mosaico (m)	**mosaico** (m)	[mo'zaiko]
vitral (m)	**vetrata** (f)	[ve'trata]
afresco (m)	**affresco** (m)	[af'fresko]
gravura (f)	**incisione** (f)	[intʃi'zjone]
busto (m)	**busto** (m)	['busto]
escultura (f)	**scultura** (f)	[skul'tura]
estátua (f)	**statua** (f)	['statua]
gesso (m)	**gesso** (m)	['dʒesso]
em gesso (adj)	**in gesso**	[in 'dʒesso]
retrato (m)	**ritratto** (m)	[ri'tratto]
autorretrato (m)	**autoritratto** (m)	[autori'tratto]
paisagem (f)	**paesaggio** (m)	[pae'zadʒo]
natureza (f) morta	**natura** (f) **morta**	[na'tura 'morta]
caricatura (f)	**caricatura** (f)	[karika'tura]
esboço (m)	**abbozzo** (m)	[ab'bottso]
tinta (f)	**colore** (m)	[ko'lore]
aquarela (f)	**acquerello** (m)	[akwe'rello]
tinta (f) a óleo	**olio** (m)	['oljo]
lápis (m)	**matita** (f)	[ma'tita]
tinta (f) nanquim	**inchiostro** (m) **di china**	[in'kjostro di 'kina]
carvão (m)	**carbone** (m)	[kar'bone]
desenhar (vt)	**disegnare** (vt)	[dize'ɲare]
pintar (vt)	**dipingere** (vt)	[di'pindʒere]
posar (vi)	**posare** (vi)	[po'zare]
modelo (m)	**modello** (m)	[mo'dello]

modelo (f)	**modella** (f)	[mo'della]
pintor (m)	**pittore** (m)	[pit'tore]
obra (f)	**opera** (f) **d'arte**	['opera 'darte]
obra-prima (f)	**capolavoro** (m)	[kapo·la'voro]
estúdio (m)	**laboratorio** (m)	[labora'torio]
tela (f)	**tela** (f)	['tela]
cavalete (m)	**cavalletto** (m)	[kaval'letto]
paleta (f)	**tavolozza** (f)	[tavo'lottsa]
moldura (f)	**cornice** (f)	[kor'niʧe]
restauração (f)	**restauro** (m)	[re'stauro]
restaurar (vt)	**restaurare** (vt)	[restau'rare]

127. Literatura & Poesia

literatura (f)	**letteratura** (f)	[lettera'tura]
autor (m)	**autore** (m)	[au'tore]
pseudônimo (m)	**pseudonimo** (m)	[pseu'donimo]
livro (m)	**libro** (m)	['libro]
volume (m)	**volume** (m)	[vo'lume]
índice (m)	**sommario** (m), **indice** (m)	[som'mario], ['indiʧe]
página (f)	**pagina** (f)	['padʒina]
protagonista (m)	**protagonista** (m)	[protago'nista]
autógrafo (m)	**autografo** (m)	[au'tografo]
conto (m)	**racconto** (m)	[rak'konto]
novela (f)	**romanzo** (m) **breve**	[ro'mandzo 'breve]
romance (m)	**romanzo** (m)	[ro'mandzo]
obra (f)	**opera** (f)	['opera]
fábula (m)	**favola** (f)	['favola]
romance (m) policial	**giallo** (m)	['dʒallo]
verso (m)	**verso** (m)	['verso]
poesia (f)	**poesia** (f)	[poe'zia]
poema (m)	**poema** (m)	[po'ema]
poeta (m)	**poeta** (m)	[po'eta]
ficção (f)	**narrativa** (f)	[narra'tiva]
ficção (f) científica	**fantascienza** (f)	[fanta'ʃentsa]
aventuras (f pl)	**avventure** (f pl)	[avven'ture]
literatura (f) didática	**letteratura** (f) **formativa**	[lettera'tura forma'tiva]
literatura (f) infantil	**libri** (m pl) **per l'infanzia**	['libri per lin'fansia]

128. Circo

circo (m)	**circo** (m)	['ʧirko]
circo (m) ambulante	**tendone** (m) **del circo**	[ten'done del 'ʧirko]
programa (m)	**programma** (m)	[pro'gramma]
apresentação (f)	**spettacolo** (m)	[spet'takolo]
número (m)	**numero** (m)	['numero]

picadeiro (f)	arena (f)	[a'rena]
pantomima (f)	pantomima (m)	[panto'mima]
palhaço (m)	pagliaccio (m)	[paʎ'ʎatʃo]

acrobata (m)	acrobata (m)	[a'krobata]
acrobacia (f)	acrobatica (f)	[akro'batika]
ginasta (m)	ginnasta (m)	[dʒin'nasta]
ginástica (f)	ginnastica (m)	[dʒin'nastika]
salto (m) mortal	salto (m) mortale	['salto mor'tale]

homem (m) forte	forzuto (m)	[for'tsuto]
domador (m)	domatore (m)	[doma'tore]
cavaleiro (m) equilibrista	cavallerizzo (m)	[kavalle'riddzo]
assistente (m)	assistente (m)	[assi'stente]

truque (m)	acrobazia (f)	[akroba'tsia]
truque (m) de mágica	gioco (m) di prestigio	['dʒoko di pre'stidʒo]
ilusionista (m)	prestigiatore (m)	[prestidʒa'tore]

malabarista (m)	giocoliere (m)	[dʒoko'ljere]
fazer malabarismos	giocolare (vi)	[dʒoko'lare]
adestrador (m)	ammaestratore (m)	[ammaestra'tore]
adestramento (m)	ammaestramento (m)	[ammaestra'mento]
adestrar (vt)	ammaestrare (vt)	[ammae'strare]

129. Música. Música popular

música (f)	musica (f)	['muzika]
músico (m)	musicista (m)	[muzi'tʃista]
instrumento (m) musical	strumento (m) musicale	[stru'mento muzi'kale]
tocar ...	suonare ...	[suo'nare]

guitarra (f)	chitarra (f)	[ki'tarra]
violino (m)	violino (m)	[vio'lino]
violoncelo (m)	violoncello (m)	[violon'tʃello]
contrabaixo (m)	contrabbasso (m)	[kontrab'basso]
harpa (f)	arpa (f)	['arpa]

piano (m)	pianoforte (m)	[pjano'forte]
piano (m) de cauda	pianoforte (m) a coda	[pjano'forte a 'koda]
órgão (m)	organo (m)	['organo]

instrumentos (m pl) de sopro	strumenti (m pl) a fiato	[stru'menti a 'fjato]
oboé (m)	oboe (m)	['oboe]
saxofone (m)	sassofono (m)	[sas'sofono]
clarinete (m)	clarinetto (m)	[klari'netto]
flauta (f)	flauto (m)	['flauto]
trompete (m)	tromba (f)	['tromba]

| acordeão (m) | fisarmonica (f) | [fizar'monika] |
| tambor (m) | tamburo (m) | [tam'buro] |

| dueto (m) | duetto (m) | [du'etto] |
| trio (m) | trio (m) | ['trio] |

quarteto (m)	**quartetto** (m)	[kwar'tetto]
coro (m)	**coro** (m)	['koro]
orquestra (f)	**orchestra** (f)	[or'kestra]

música (f) pop	**musica** (f) **pop**	['muzika pop]
música (f) rock	**musica** (f) **rock**	['muzika rok]
grupo (m) de rock	**gruppo** (m) **rock**	['gruppo rok]
jazz (m)	**jazz** (m)	[dʒaz]

ídolo (m)	**idolo** (m)	['idolo]
fã, admirador (m)	**ammiratore** (m)	[ammira'tore]

concerto (m)	**concerto** (m)	[kon'tʃerto]
sinfonia (f)	**sinfonia** (f)	[sinfo'nia]
composição (f)	**composizione** (f)	[kompozi'tsjone]
compor (vt)	**comporre** (vt)	[kom'porre]

canto (m)	**canto** (m)	['kanto]
canção (f)	**canzone** (f)	[kan'tsone]
melodia (f)	**melodia** (f)	[melo'dia]
ritmo (m)	**ritmo** (m)	['ritmo]
blues (m)	**blues** (m)	[bluz]

notas (f pl)	**note** (f pl)	['note]
batuta (f)	**bacchetta** (f)	[bak'ketta]
arco (m)	**arco** (m)	['arko]
corda (f)	**corda** (f)	['korda]
estojo (m)	**custodia** (f)	[ku'stodia]

Descanso. Entretenimento. Viagens

130. Viagens

turismo (m)	**turismo** (m)	[tu'rizmo]
turista (m)	**turista** (m)	[tu'rista]
viagem (f)	**viaggio** (m)	['vjaʤo]
aventura (f)	**avventura** (f)	[avven'tura]
percurso (curta viagem)	**viaggio** (m)	['vjaʤo]
férias (f pl)	**vacanza** (f)	[va'kantsa]
estar de férias	**essere in vacanza**	['essere in va'kantsa]
descanso (m)	**riposo** (m)	[ri'pozo]
trem (m)	**treno** (m)	['treno]
de trem (chegar ~)	**in treno**	[in 'treno]
avião (m)	**aereo** (m)	[a'ereo]
de avião	**in aereo**	[in a'ereo]
de carro	**in macchina**	[in 'makkina]
de navio	**in nave**	[in 'nave]
bagagem (f)	**bagaglio** (m)	[ba'gaʎʎo]
mala (f)	**valigia** (f)	[va'liʤa]
carrinho (m)	**carrello** (m)	[kar'rello]
passaporte (m)	**passaporto** (m)	[passa'porto]
visto (m)	**visto** (m)	['visto]
passagem (f)	**biglietto** (m)	[biʎ'ʎetto]
passagem (f) aérea	**biglietto** (m) **aereo**	[biʎ'ʎetto a'ereo]
guia (m) de viagem	**guida** (f)	['gwida]
mapa (m)	**carta** (f) **geografica**	['karta ʤeo'grafika]
área (f)	**località** (f)	[lokali'ta]
lugar (m)	**luogo** (m)	[lu'ogo]
exotismo (m)	**ogetti** (m pl) **esotici**	[o'ʤetti e'zotiʧi]
exótico (adj)	**esotico**	[e'zotiko]
surpreendente (adj)	**sorprendente**	[sorpren'dente]
grupo (m)	**gruppo** (m)	['gruppo]
excursão (f)	**escursione** (f)	[eskur'sjone]
guia (m)	**guida** (f)	['gwida]

131. Hotel

hotel (m)	**albergo, hotel** (m)	[al'bergo], [o'tel]
motel (m)	**motel** (m)	[mo'tel]
três estrelas	**tre stelle**	[tre 'stelle]

| cinco estrelas | cinque stelle | ['ʧinkwe 'stelle] |
| ficar (vi, vt) | alloggiare (vi) | [allo'dʒare] |

quarto (m)	camera (f)	['kamera]
quarto (m) individual	camera (f) singola	['kamera 'singola]
quarto (m) duplo	camera (f) doppia	['kamera 'doppia]
reservar um quarto	prenotare una camera	[preno'tare 'una 'kamera]

| meia pensão (f) | mezza pensione (f) | ['meddza pen'sjone] |
| pensão (f) completa | pensione (f) completa | [pen'sjone kom'pleta] |

com banheira	con bagno	[kon 'baɲo]
com chuveiro	con doccia	[kon 'dotʃa]
televisão (m) por satélite	televisione (f) satellitare	[televi'zjone satelli'tare]
ar (m) condicionado	condizionatore (m)	[konditsiona'tore]
toalha (f)	asciugamano (m)	[aʃuga'mano]
chave (f)	chiave (f)	['kjave]

administrador (m)	amministratore (m)	[amministra'tore]
camareira (f)	cameriera (f)	[kame'rjera]
bagageiro (m)	portabagagli (m)	[porta·ba'gaʎʎi]
porteiro (m)	portiere (m)	[por'tjere]

restaurante (m)	ristorante (m)	[risto'rante]
bar (m)	bar (m)	[bar]
café (m) da manhã	colazione (f)	[kola'tsjone]
jantar (m)	cena (f)	['ʧena]
bufê (m)	buffet (m)	[buf'fe]

| saguão (m) | hall (f) | [oll] |
| elevador (m) | ascensore (m) | [aʃen'sore] |

| NÃO PERTURBE | NON DISTURBARE | [non distur'bare] |
| PROIBIDO FUMAR! | VIETATO FUMARE! | [vje'tato fu'mare] |

132. Livros. Leitura

livro (m)	libro (m)	['libro]
autor (m)	autore (m)	[au'tore]
escritor (m)	scrittore (m)	[skrit'tore]
escrever (~ um livro)	scrivere (vi, vt)	['skrivere]

leitor (m)	lettore (m)	[let'tore]
ler (vt)	leggere (vi, vt)	['ledʒere]
leitura (f)	lettura (f)	[let'tura]

| para si | in silenzio | [in si'lentsio] |
| em voz alta | ad alta voce | [ad 'alta 'voʧe] |

publicar (vt)	pubblicare (vt)	[pubbli'kare]
publicação (f)	pubblicazione (f)	[publika'tsjone]
editor (m)	editore (m)	[edi'tore]
editora (f)	casa (f) editrice	['kaza edi'triʧe]
sair (vi)	uscire (vi)	[u'ʃire]

lançamento (m)	**uscita** (f)	[u'ʃita]
tiragem (f)	**tiratura** (f)	[tira'tura]
livraria (f)	**libreria** (f)	[libre'ria]
biblioteca (f)	**biblioteca** (f)	[biblio'teka]
novela (f)	**romanzo** (m) **breve**	[ro'mandzo 'breve]
conto (m)	**racconto** (m)	[rak'konto]
romance (m)	**romanzo** (m)	[ro'mandzo]
romance (m) policial	**giallo** (m)	['dʒallo]
memórias (f pl)	**memorie** (f pl)	[me'morie]
lenda (f)	**leggenda** (f)	[le'dʒenda]
mito (m)	**mito** (m)	['mito]
poesia (f)	**poesia** (f), **versi** (m pl)	[poe'zia], ['versi]
autobiografia (f)	**autobiografia** (f)	[auto·biogra'fia]
obras (f pl) escolhidas	**opere** (f pl) **scelte**	['opere 'ʃelte]
ficção (f) científica	**fantascienza** (f)	[fanta'ʃentsa]
título (m)	**titolo** (m)	['titolo]
introdução (f)	**introduzione** (f)	[introdu'tsjone]
folha (f) de rosto	**frontespizio** (m)	[fronte'spitsio]
capítulo (m)	**capitolo** (m)	[ka'pitolo]
excerto (m)	**frammento** (m)	[fram'mento]
episódio (m)	**episodio** (m)	[epi'zodio]
enredo (m)	**soggetto** (m)	[so'dʒetto]
conteúdo (m)	**contenuto** (m)	[konte'nuto]
índice (m)	**sommario** (m)	[som'mario]
protagonista (m)	**protagonista** (m)	[protago'nista]
volume (m)	**volume** (m)	[vo'lume]
capa (f)	**copertina** (f)	[koper'tina]
encadernação (f)	**rilegatura** (f)	[rilega'tura]
marcador (m) de página	**segnalibro** (m)	[seɲa'libro]
página (f)	**pagina** (f)	['padʒina]
folhear (vt)	**sfogliare** (vt)	[sfoʎ'ʎare]
margem (f)	**margini** (m pl)	['mardʒini]
anotação (f)	**annotazione** (f)	[annota'tsjone]
nota (f) de rodapé	**nota** (f)	['nota]
texto (m)	**testo** (m)	['testo]
fonte (f)	**carattere** (m)	[ka'rattere]
falha (f) de impressão	**refuso** (m)	[re'fuzo]
tradução (f)	**traduzione** (f)	[tradu'tsjone]
traduzir (vt)	**tradurre** (vt)	[tra'durre]
original (m)	**originale** (m)	[oridʒi'nale]
famoso (adj)	**famoso**	[fa'mozo]
desconhecido (adj)	**sconosciuto**	[skono'ʃuto]
interessante (adj)	**interessante**	[interes'sante]
best-seller (m)	**best seller** (m)	[best 'seller]

dicionário (m)	**dizionario** (m)	[ditsjo'nario]
livro (m) didático	**manuale** (m)	[manu'ale]
enciclopédia (f)	**enciclopedia** (f)	[entʃiklope'dia]

133. Caça. Pesca

caça (f)	**caccia** (f)	['katʃa]
caçar (vi)	**cacciare** (vt)	[ka'tʃare]
caçador (m)	**cacciatore** (m)	[katʃa'tore]
disparar, atirar (vi)	**sparare** (vi)	[spa'rare]
rifle (m)	**fucile** (m)	[fu'tʃile]
cartucho (m)	**cartuccia** (f)	[kar'tutʃa]
chumbo (m) de caça	**pallini** (m pl)	[pal'lini]
armadilha (f)	**tagliola** (f)	[taʎ'ʎoʎa]
armadilha (com corda)	**trappola** (f)	['trappola]
cair na armadilha	**cadere in trappola**	[ka'dere in 'trappola]
pôr a armadilha	**tendere una trappola**	['tendere 'una 'trappola]
caçador (m) furtivo	**bracconiere** (m)	[brakko'njere]
caça (animais)	**cacciagione** (m)	[katʃa'dʒone]
cão (m) de caça	**cane** (m) **da caccia**	['kane da 'katʃa]
safári (m)	**safari** (m)	[sa'fari]
animal (m) empalhado	**animale** (m) **impagliato**	[ani'male impaʎ'ʎato]
pescador (m)	**pescatore** (m)	[peska'tore]
pesca (f)	**pesca** (f)	['peska]
pescar (vt)	**pescare** (vi)	[pe'skare]
vara (f) de pesca	**canna** (f) **da pesca**	['kanna da 'peska]
linha (f) de pesca	**lenza** (f)	['lentsa]
anzol (m)	**amo** (m)	['amo]
boia (f), flutuador (m)	**galleggiante** (m)	[galle'dʒante]
isca (f)	**esca** (f)	['eska]
lançar a linha	**lanciare la canna**	[lan'tʃare la 'kanna]
morder (peixe)	**abboccare** (vi)	[abbok'kare]
pesca (f)	**pescato** (m)	[pe'skato]
buraco (m) no gelo	**buco** (m) **nel ghiaccio**	['buko nel 'gjatʃo]
rede (f)	**rete** (f)	['rete]
barco (m)	**barca** (f)	['barka]
pescar com rede	**prendere con la rete**	['prendere kon la 'rete]
lançar a rede	**gettare la rete**	[dʒet'tare la 'rete]
puxar a rede	**tirare le reti**	[ti'rare le 'reti]
cair na rede	**cadere nella rete**	[ka'dere 'nella 'rete]
baleeiro (m)	**baleniere** (m)	[bale'njere]
baleeira (f)	**baleniera** (f)	[bale'njera]
arpão (m)	**rampone** (m)	[ram'pone]

134. Jogos. Bilhar

bilhar (m)	biliardo (m)	[bi'ljardo]
sala (f) de bilhar	sala (f) da biliardo	['sala da bi'ljardo]
bola (f) de bilhar	bilia (f)	['bilia]
embolsar uma bola	imbucare (vt)	[imbu'kare]
taco (m)	stecca (f) da biliardo	['stekka da bi'ljardo]
caçapa (f)	buca (f)	['buka]

135. Jogos. Jogar cartas

ouros (m pl)	quadri (m pl)	['kwadri]
espadas (f pl)	picche (f pl)	['pikke]
copas (f pl)	cuori (m pl)	[ku'ori]
paus (m pl)	fiori (m pl)	['fjori]
ás (m)	asso (m)	['asso]
rei (m)	re (m)	[re]
dama (f), rainha (f)	donna (f)	['donna]
valete (m)	fante (m)	['fante]
carta (f) de jogar	carta (f) da gioco	['karta da 'dʒoko]
cartas (f pl)	carte (f pl)	['karte]
trunfo (m)	briscola (f)	['briskola]
baralho (m)	mazzo (m) di carte	['mattso di 'karte]
ponto (m)	punto (m)	['punto]
dar, distribuir (vt)	dare le carte	['dare le 'karte]
embaralhar (vt)	mescolare (vt)	[mesko'lare]
vez, jogada (f)	turno (m)	['turno]
trapaceiro (m)	baro (m)	['baro]

136. Descanso. Jogos. Diversos

passear (vi)	passeggiare (vi)	[passe'dʒare]
passeio (m)	passeggiata (f)	[passe'dʒata]
viagem (f) de carro	gita (f)	['dʒita]
aventura (f)	avventura (f)	[avven'tura]
piquenique (m)	picnic (m)	['piknik]
jogo (m)	gioco (m)	['dʒoko]
jogador (m)	giocatore (m)	[dʒoka'tore]
partida (f)	partita (f)	[par'tita]
colecionador (m)	collezionista (m)	[kolletsjo'nista]
colecionar (vt)	collezionare (vt)	[kolletsio'nare]
coleção (f)	collezione (f)	[kolle'tsjone]
palavras (f pl) cruzadas	cruciverba (m)	[krutʃi'verba]
hipódromo (m)	ippodromo (m)	[ip'podromo]

discoteca (f)	discoteca (f)	[disko'teka]
sauna (f)	sauna (f)	['sauna]
loteria (f)	lotteria (f)	[lotte'ria]

campismo (m)	campeggio (m)	[kam'pedʒo]
acampamento (m)	campo (m)	['kampo]
barraca (f)	tenda (f) da campeggio	['tenda da kam'pedʒo]
bússola (f)	bussola (f)	['bussola]
campista (m)	campeggiatore (m)	[kampedʒa'tore]

ver (vt), assistir à ...	guardare (vt)	[gwar'dare]
telespectador (m)	telespettatore (m)	[telespetta'tore]
programa (m) de TV	trasmissione (f)	[trazmis'sjone]

137. Fotografia

máquina (f) fotográfica	macchina (f) fotografica	['makkina foto'grafika]
foto, fotografia (f)	fotografia (f)	[fotogra'fia]

fotógrafo (m)	fotografo (m)	[fo'tografo]
estúdio (m) fotográfico	studio (m) fotografico	['studio foto'grafiko]
álbum (m) de fotografias	album (m) di fotografie	['album di fotogra'fie]

lente (f) fotográfica	obiettivo (m)	[objet'tivo]
lente (f) teleobjetiva	teleobiettivo (m)	[teleobjet'tivo]
filtro (m)	filtro (m)	['filtro]
lente (f)	lente (f)	['lente]

ótica (f)	ottica (f)	['ottika]
abertura (f)	diaframma (m)	[dia'framma]
exposição (f)	tempo (m) di esposizione	['tempo di espozi'tsjone]
visor (m)	mirino (m)	[mi'rino]

câmera (f) digital	fotocamera (f) digitale	[foto'kamera didʒi'tale]
tripé (m)	cavalletto (m)	[kaval'letto]
flash (m)	flash (m)	[fleʃ]

fotografar (vt)	fotografare (vt)	[fotogra'fare]
tirar fotos	fare foto	['fare 'foto]
fotografar-se (vr)	fotografarsi	[fotogra'farsi]

foco (m)	fuoco (m)	[fu'oko]
focar (vt)	mettere a fuoco	['mettere a fu'oko]
nítido (adj)	nitido	['nitido]
nitidez (f)	nitidezza (f)	[niti'dettsa]

contraste (m)	contrasto (m)	[kon'trasto]
contrastante (adj)	contrastato	[kontra'stato]

retrato (m)	foto (f)	['foto]
negativo (m)	negativa (f)	[nega'tiva]
filme (m)	pellicola (f) fotografica	[pel'likola foto'grafika]
fotograma (m)	fotogramma (m)	[foto'gramma]
imprimir (vt)	stampare (vt)	[stam'pare]

138. Praia. Natação

praia (f)	spiaggia (f)	['spjadʒa]
areia (f)	sabbia (f)	['sabbia]
deserto (adj)	deserto	[de'zerto]
bronzeado (m)	abbronzatura (f)	[abbrondza'tura]
bronzear-se (vr)	abbronzarsi (vr)	[abbron'dzarsi]
bronzeado (adj)	abbronzato	[abbron'dzato]
protetor (m) solar	crema (f) solare	['krema so'lare]
biquíni (m)	bikini (m)	[bi'kini]
maiô (m)	costume (m) da bagno	[ko'stume da 'baɲo]
calção (m) de banho	slip (m) da bagno	[zlip da 'baɲo]
piscina (f)	piscina (f)	[pi'ʃina]
nadar (vi)	nuotare (vi)	[nuo'tare]
chuveiro (m), ducha (f)	doccia (f)	['dotʃa]
mudar, trocar (vt)	cambiarsi (vr)	[kam'bjarsi]
toalha (f)	asciugamano (m)	[aʃuga'mano]
barco (m)	barca (f)	['barka]
lancha (f)	motoscafo (m)	[moto'skafo]
esqui (m) aquático	sci (m) nautico	[ʃi 'nautiko]
barco (m) de pedais	pedalò (m)	[peda'lo]
surf, surfe (m)	surf (m)	[serf]
surfista (m)	surfista (m)	[sur'fista]
equipamento (m) de mergulho	autorespiratore (m)	[autorespira'tore]
pé (m pl) de pato	pinne (f pl)	['pinne]
máscara (f)	maschera (f)	['maskera]
mergulhador (m)	subacqueo (m)	[su'bakveo]
mergulhar (vi)	tuffarsi (vr)	[tuf'farsi]
debaixo d'água	sott'acqua	[so'takva]
guarda-sol (m)	ombrellone (m)	[ombrel'lone]
espreguiçadeira (f)	sdraio (f)	['zdrajo]
óculos (m pl) de sol	occhiali (m pl) da sole	[ok'kjali da 'sole]
colchão (m) de ar	materasso (m) ad aria	[mate'rasso ad 'aria]
brincar (vi)	giocare (vi)	[dʒo'kare]
ir nadar	fare il bagno	['fare il 'baɲo]
bola (f) de praia	pallone (m)	[pal'lone]
encher (vt)	gonfiare (vt)	[gon'fjare]
inflável (adj)	gonfiabile	[gon'fjabile]
onda (f)	onda (f)	['onda]
boia (f)	boa (f)	['boa]
afogar-se (vr)	annegare (vi)	[anne'gare]
salvar (vt)	salvare (vt)	[sal'vare]
colete (m) salva-vidas	giubbotto (m) di salvataggio	[dʒub'botto di salva'tadʒo]
observar (vt)	osservare (vt)	[osser'vare]
salva-vidas (pessoa)	bagnino (m)	[ba'ɲino]

EQUIPAMENTO TÉCNICO. TRANSPORTES

Equipamento técnico. Transportes

139. Computador

computador (m)	computer (m)	[kom'pjuter]
computador (m) portátil	computer (m) portatile	[kom'pjuter por'tatile]
ligar (vt)	accendere (vt)	[a'tʃendere]
desligar (vt)	spegnere (vt)	['speɲere]
teclado (m)	tastiera (f)	[tas'tjera]
tecla (f)	tasto (m)	['tasto]
mouse (m)	mouse (m)	['maus]
tapete (m) para mouse	tappetino (m) del mouse	[tappe'tino del 'maus]
botão (m)	tasto (m)	['tasto]
cursor (m)	cursore (m)	[kur'sore]
monitor (m)	monitor (m)	['monitor]
tela (f)	schermo (m)	['skermo]
disco (m) rígido	disco (m) rigido	['disko 'ridʒido]
capacidade (f) do disco rígido	spazio (m) sul disco rigido	['spatsio sul 'disko 'ridʒido]
memória (f)	memoria (f)	[me'moria]
memória RAM (f)	memoria (f) operativa	[me'moria opera'tiva]
arquivo (m)	file (m)	[fajl]
pasta (f)	cartella (f)	[kar'tella]
abrir (vt)	aprire (vt)	[a'prire]
fechar (vt)	chiudere (vt)	['kjudere]
salvar (vt)	salvare (vt)	[sal'vare]
deletar (vt)	eliminare (vt)	[elimi'nare]
copiar (vt)	copiare (vt)	[ko'pjare]
ordenar (vt)	ordinare (vt)	[ordi'nare]
copiar (vt)	trasferire (vt)	[trasfe'rire]
programa (m)	programma (m)	[pro'gramma]
software (m)	software (m)	['softwea]
programador (m)	programmatore (m)	[programma'tore]
programar (vt)	programmare (vt)	[program'mare]
hacker (m)	hacker (m)	['aker]
senha (f)	password (f)	['password]
vírus (m)	virus (m)	['virus]
detectar (vt)	trovare (vt)	[tro'vare]
byte (m)	byte (m)	[bajt]

megabyte (m)	megabyte (m)	['megabajt]
dados (m pl)	dati (m pl)	['dati]
base (f) de dados	database (m)	['databejz]

cabo (m)	cavo (m)	['kavo]
desconectar (vt)	sconnettere (vt)	[skon'nettere]
conectar (vt)	collegare (vt)	[kolle'gare]

140. Internet. E-mail

internet (f)	internet (f)	['internet]
browser (m)	navigatore (m)	[naviga'tore]
motor (m) de busca	motore (m) di ricerca	[mo'tore di ri'tʃerka]
provedor (m)	provider (m)	[pro'vajder]

webmaster (m)	webmaster (m)	web'master]
website (m)	sito web (m)	['sito web]
web page (f)	pagina web (f)	['padʒina web]

| endereço (m) | indirizzo (m) | [indi'rittso] |
| livro (m) de endereços | rubrica (f) indirizzi | [ru'brika indi'rittsi] |

caixa (f) de correio	casella (f) di posta	[ka'zella di 'posta]
correio (m)	posta (f)	['posta]
cheia (caixa de correio)	battaglia (f)	[bat'taʎʎa]

mensagem (f)	messaggio (m)	[mes'sadʒo]
mensagens (f pl) recebidas	messaggi (m pl) in arrivo	[mes'sadʒi in ar'rivo]
mensagens (f pl) enviadas	messaggi (m pl) in uscita	[mes'sadʒo in u'ʃita]
remetente (m)	mittente (m)	[mit'tente]
enviar (vt)	inviare (vt)	[in'vjare]
envio (m)	invio (m)	[in'vio]
destinatário (m)	destinatario (m)	[destina'tario]
receber (vt)	ricevere (vt)	[ri'tʃevere]

| correspondência (f) | corrispondenza (f) | [korrispon'dentsa] |
| corresponder-se (vr) | essere in corrispondenza | ['essere in korrispon'dentsa] |

arquivo (m)	file (m)	[fajl]
fazer download, baixar (vt)	scaricare (vt)	[skari'kare]
criar (vt)	creare (vt)	[kre'are]
deletar (vt)	eliminare (vt)	[elimi'nare]
deletado (adj)	eliminato	[elimi'nato]

conexão (f)	connessione (f)	[konne'sjone]
velocidade (f)	velocità (f)	[velotʃi'ta]
modem (m)	modem (m)	['modem]
acesso (m)	accesso (m)	[a'tʃesso]
porta (f)	porta (f)	['porta]

conexão (f)	collegamento (m)	[kollega'mento]
conectar (vi)	collegarsi a ...	[kolle'garsi a]
escolher (vt)	scegliere (vt)	['ʃeʎʎere]
buscar (vt)	cercare (vt)	[tʃer'kare]

Transportes

141. Avião

avião (m)	aereo (m)	[a'ereo]
passagem (f) aérea	biglietto (m) aereo	[biʎ'ʎetto a'ereo]
companhia (f) aérea	compagnia (f) aerea	[kompa'ɲia a'erea]
aeroporto (m)	aeroporto (m)	[aero'porto]
supersônico (adj)	supersonico	[super'soniko]
comandante (m) do avião	comandante (m)	[koman'dante]
tripulação (f)	equipaggio (m)	[ekwi'padʒo]
piloto (m)	pilota (m)	[pi'lota]
aeromoça (f)	hostess (f)	['ostess]
copiloto (m)	navigatore (m)	[naviga'tore]
asas (f pl)	ali (f pl)	['ali]
cauda (f)	coda (f)	['koda]
cabine (f)	cabina (f)	[ka'bina]
motor (m)	motore (m)	[mo'tore]
trem (m) de pouso	carrello (m) d'atterraggio	[kar'rello datter'radʒo]
turbina (f)	turbina (f)	[tur'bina]
hélice (f)	elica (f)	['elika]
caixa-preta (f)	scatola (f) nera	['skatola 'nera]
coluna (f) de controle	barra (f) di comando	['barra di ko'mando]
combustível (m)	combustibile (m)	[kombu'stibile]
instruções (f pl) de segurança	safety card (f)	['sejfti kard]
máscara (f) de oxigênio	maschera (f) ad ossigeno	['maskera ad os'sidʒeno]
uniforme (m)	uniforme (f)	[uni'forme]
colete (m) salva-vidas	giubbotto (m) di salvataggio	[dʒub'botto di salva'tadʒo]
paraquedas (m)	paracadute (m)	[paraka'dute]
decolagem (f)	decollo (m)	[de'kollo]
descolar (vi)	decollare (vi)	[dekol'lare]
pista (f) de decolagem	pista (f) di decollo	['pista di de'kollo]
visibilidade (f)	visibilità (f)	[vizibili'ta]
voo (m)	volo (m)	['volo]
altura (f)	altitudine (f)	[alti'tudine]
poço (m) de ar	vuoto (m) d'aria	[vu'oto 'daria]
assento (m)	posto (m)	['posto]
fone (m) de ouvido	cuffia (f)	['kuffia]
mesa (f) retrátil	tavolinetto (m) pieghevole	[tavoli'netto pje'gevole]
janela (f)	oblò (m), finestrino (m)	[ob'lo], [fine'strino]
corredor (m)	corridoio (m)	[korri'dojo]

142. Comboio

trem (m)	treno (m)	['treno]
trem (m) elétrico	elettrotreno (m)	[elettro'treno]
trem (m)	treno (m) rapido	['treno 'rapido]
locomotiva (f) diesel	locomotiva (f) diesel	[lokomo'tiva 'dizel]
locomotiva (f) a vapor	locomotiva (f) a vapore	[lokomo'tiva a va'pore]
vagão (f) de passageiros	carrozza (f)	[kar'rottsa]
vagão-restaurante (m)	vagone (m) ristorante	[va'gone risto'rante]
carris (m pl)	rotaie (f pl)	[ro'taje]
estrada (f) de ferro	ferrovia (f)	[ferro'via]
travessa (f)	traversa (f)	[tra'versa]
plataforma (f)	banchina (f)	[baŋ'kina]
linha (f)	binario (m)	[bi'nario]
semáforo (m)	semaforo (m)	[se'maforo]
estação (f)	stazione (f)	[sta'tsjone]
maquinista (m)	macchinista (m)	[makki'nista]
bagageiro (m)	portabagagli (m)	[porta·ba'gaʎʎi]
hospedeiro, -a (m, f)	cuccettista (m, f)	[kutʃet'tista]
passageiro (m)	passeggero (m)	[passe'dʒero]
revisor (m)	controllore (m)	[kontrol'lore]
corredor (m)	corridoio (m)	[korri'dojo]
freio (m) de emergência	freno (m) di emergenza	['freno di emer'dʒentsa]
compartimento (m)	scompartimento (m)	[skomparti'mento]
cama (f)	cuccetta (f)	[ku'tʃetta]
cama (f) de cima	cuccetta (f) superiore	[ku'tʃetta supe'rjore]
cama (f) de baixo	cuccetta (f) inferiore	[ku'tʃetta infe'rjore]
roupa (f) de cama	biancheria (f) da letto	[bjanke'ria da 'letto]
passagem (f)	biglietto (m)	[biʎ'ʎetto]
horário (m)	orario (m)	[o'rario]
painel (m) de informação	tabellone (m) orari	[tabel'lone o'rari]
partir (vt)	partire (vi)	[par'tire]
partida (f)	partenza (f)	[par'tentsa]
chegar (vi)	arrivare (vi)	[arri'vare]
chegada (f)	arrivo (m)	[ar'rivo]
chegar de trem	arrivare con il treno	[arri'vare kon il 'treno]
pegar o trem	salire sul treno	[sa'lire sul 'treno]
descer de trem	scendere dal treno	['ʃendere dal 'treno]
acidente (m) ferroviário	deragliamento (m)	[deraʎʎa'mento]
descarrilar (vi)	deragliare (vi)	[deraʎ'ʎare]
locomotiva (f) a vapor	locomotiva (f) a vapore	[lokomo'tiva a va'pore]
foguista (m)	fuochista (m)	[fo'kista]
fornalha (f)	forno (m)	['forno]
carvão (m)	carbone (m)	[kar'bone]

143. Barco

| navio (m) | nave (f) | ['nave] |
| embarcação (f) | imbarcazione (f) | [imbarka'tsjone] |

barco (m) a vapor	piroscafo (m)	[pi'roskafo]
barco (m) fluvial	barca (f) fluviale	['barka flu'vjale]
transatlântico (m)	transatlantico (m)	[transat'lantiko]
cruzeiro (m)	incrociatore (m)	[inkrotʃa'tore]

iate (m)	yacht (m)	[jot]
rebocador (m)	rimorchiatore (m)	[rimorkja'tore]
barcaça (f)	chiatta (f)	['kjatta]
ferry (m)	traghetto (m)	[tra'getto]

| veleiro (m) | veliero (m) | [ve'ljero] |
| bergantim (m) | brigantino (m) | [brigan'tino] |

| quebra-gelo (m) | rompighiaccio (m) | [rompi'gjatʃo] |
| submarino (m) | sottomarino (m) | [sottoma'rino] |

bote, barco (m)	barca (f)	['barka]
baleeira (bote salva-vidas)	scialuppa (f)	[ʃa'luppa]
bote (m) salva-vidas	scialuppa (f) di salvataggio	[ʃa'luppa di salva'tadʒo]
lancha (f)	motoscafo (m)	[moto'skafo]

capitão (m)	capitano (m)	[kapi'tano]
marinheiro (m)	marittimo (m)	[ma'rittimo]
marujo (m)	marinaio (m)	[mari'najo]
tripulação (f)	equipaggio (m)	[ekwi'padʒo]

contramestre (m)	nostromo (m)	[no'stromo]
grumete (m)	mozzo (m) di nave	['mottso di 'nave]
cozinheiro (m) de bordo	cuoco (m)	[ku'oko]
médico (m) de bordo	medico (m) di bordo	['mediko di 'bordo]

convés (m)	ponte (m)	['ponte]
mastro (m)	albero (m)	['albero]
vela (f)	vela (f)	['vela]

porão (m)	stiva (f)	['stiva]
proa (f)	prua (f)	['prua]
popa (f)	poppa (f)	['poppa]
remo (m)	remo (m)	['remo]
hélice (f)	elica (f)	['elika]

cabine (m)	cabina (f)	[ka'bina]
sala (f) dos oficiais	quadrato (m) degli ufficiali	[kwa'drato 'deʎʎi uffi'tʃali]
sala (f) das máquinas	sala (f) macchine	['sala 'makkine]
ponte (m) de comando	ponte (m) di comando	['ponte di ko'mando]
sala (f) de comunicações	cabina (f) radiotelegrafica	[ka'bina radiotele'grafika]
onda (f)	onda (f)	['onda]
diário (m) de bordo	giornale (m) di bordo	[dʒor'nale di 'bordo]
luneta (f)	cannocchiale (m)	[kannok'kjale]
sino (m)	campana (f)	[kam'pana]

bandeira (f)	**bandiera** (f)	[ban'djera]
cabo (m)	**cavo** (m) **d'ormeggio**	['kavo dor'medʒo]
nó (m)	**nodo** (m)	['nodo]

corrimão (m)	**ringhiera** (f)	[rin'gjera]
prancha (f) de embarque	**passerella** (f)	[passe'rella]

âncora (f)	**ancora** (f)	['ankora]
recolher a âncora	**levare l'ancora**	[le'vare 'lankora]
jogar a âncora	**gettare l'ancora**	[dʒet'tare 'lankora]
amarra (corrente de âncora)	**catena** (f) **dell'ancora**	[ka'tena dell 'ankora]

porto (m)	**porto** (m)	['porto]
cais, amarradouro (m)	**banchina** (f)	[baŋ'kina]
atracar (vi)	**ormeggiarsi** (vr)	[orme'dʒarsi]
desatracar (vi)	**salpare** (vi)	[sal'pare]

viagem (f)	**viaggio** (m)	['vjadʒo]
cruzeiro (m)	**crociera** (f)	[kro'tʃera]
rumo (m)	**rotta** (f)	['rotta]
itinerário (m)	**itinerario** (m)	[itine'rario]

çanal (m) de navegação	**tratto** (m) **navigabile**	['tratto navi'gabile]
banco (m) de areia	**secca** (f)	['sekka]
encalhar (vt)	**arenarsi** (vr)	[are'narsi]

tempestade (f)	**tempesta** (f)	[tem'pesta]
sinal (m)	**segnale** (m)	[se'ɲale]
afundar-se (vr)	**affondare** (vi)	[affon'dare]
Homem ao mar!	**Uomo in mare!**	[u'omo in 'mare]
SOS	**SOS**	['esse o 'esse]
boia (f) salva-vidas	**salvagente** (m) **anulare**	[salva'dʒente anu'lare]

144. Aeroporto

aeroporto (m)	**aeroporto** (m)	[aero'porto]
avião (m)	**aereo** (m)	[a'ereo]
companhia (f) aérea	**compagnia** (f) **aerea**	[kompa'ɲia a'erea]
controlador (m) de tráfego aéreo	**controllore** (m) **di volo**	[kontrol'lore di 'volo]

partida (f)	**partenza** (f)	[par'tentsa]
chegada (f)	**arrivo** (m)	[ar'rivo]
chegar (vi)	**arrivare** (vi)	[arri'vare]

hora (f) de partida	**ora** (f) **di partenza**	['ora di par'tentsa]
hora (f) de chegada	**ora** (f) **di arrivo**	['ora di ar'rivo]

estar atrasado	**essere ritardato**	['essere ritar'dato]
atraso (m) de voo	**volo** (m) **ritardato**	['volo ritar'dato]

painel (m) de informação	**tabellone** (m) **orari**	[tabel'lone o'rari]
informação (f)	**informazione** (f)	[informa'tsjone]
anunciar (vt)	**annunciare** (vt)	[annun'tʃare]

voo (m)	**volo** (m)	['volo]
alfândega (f)	**dogana** (f)	[do'gana]
funcionário (m) da alfândega	**doganiere** (m)	[doga'njere]

declaração (f) alfandegária	**dichiarazione** (f)	[dikjara'tsjone]
preencher (vt)	**riempire** (vt)	[riem'pire]
preencher a declaração	**riempire una dichiarazione**	[riem'pire 'una dikjara'tsjone]
controle (m) de passaporte	**controllo** (m) **passaporti**	[kon'trollo passa'porti]

bagagem (f)	**bagaglio** (m)	[ba'gaʎʎo]
bagagem (f) de mão	**bagaglio** (m) **a mano**	[ba'gaʎʎo a 'mano]
carrinho (m)	**carrello** (m)	[kar'rello]

pouso (m)	**atterraggio** (m)	[atter'radʒo]
pista (f) de pouso	**pista** (f) **di atterraggio**	['pista di atter'radʒo]
aterrissar (vi)	**atterrare** (vi)	[atter'rare]
escada (f) de avião	**scaletta** (f) **dell'aereo**	[ska'letta dell a'ereo]

check-in (m)	**check-in** (m)	[tʃek-in]
balcão (m) do check-in	**banco** (m) **del check-in**	['banko del tʃek-in]
fazer o check-in	**fare il check-in**	['fare il tʃek-in]
cartão (m) de embarque	**carta** (f) **d'imbarco**	['karta dim'barko]
portão (m) de embarque	**porta** (f) **d'imbarco**	['porta dim'barko]

trânsito (m)	**transito** (m)	['tranzito]
esperar (vi, vt)	**aspettare** (vt)	[aspet'tare]
sala (f) de espera	**sala** (f) **d'attesa**	['sala dat'teza]
despedir-se (acompanhar)	**accompagnare** (vt)	[akkompa'ɲare]
despedir-se (dizer adeus)	**congedarsi** (vr)	[kondʒe'darsi]

145. Bicicleta. Motocicleta

bicicleta (f)	**bicicletta** (f)	[bitʃi'kletta]
lambreta (f)	**motorino** (m)	[moto'rino]
moto (f)	**motocicletta** (f)	[mototʃi'kletta]

ir de bicicleta	**andare in bicicletta**	[an'dare in bitʃi'kletta]
guidão (m)	**manubrio** (m)	[ma'nubrio]
pedal (m)	**pedale** (m)	[pe'dale]
freios (m pl)	**freni** (m pl)	['freni]
banco, selim (m)	**sellino** (m)	[sel'lino]

bomba (f)	**pompa** (f)	['pompa]
bagageiro (m) de teto	**portabagagli** (m)	[porta·ba'gaʎʎi]
lanterna (f)	**fanale** (m) **anteriore**	[fa'nale ante'rjore]
capacete (m)	**casco** (m)	['kasko]

roda (f)	**ruota** (f)	[ru'ota]
para-choque (m)	**parafango** (m)	[para'fango]
aro (m)	**cerchione** (m)	[tʃer'kjone]
raio (m)	**raggio** (m)	['radʒo]

Carros

146. Tipos de carros

carro, automóvel (m)	automobile (f)	[auto'mobile]
carro (m) esportivo	auto (f) sportiva	['auto spor'tiva]
limusine (f)	limousine (f)	[limu'zin]
todo o terreno (m)	fuoristrada (m)	[fuori'strada]
conversível (m)	cabriolet (m)	[kabrio'le]
minibus (m)	pulmino (m)	[pul'mino]
ambulância (f)	ambulanza (f)	[ambu'lantsa]
limpa-neve (m)	spazzaneve (m)	[spattsa'neve]
caminhão (m)	camion (m)	['kamjon]
caminhão-tanque (m)	autocisterna (f)	[auto·tʃi'sterna]
perua, van (f)	furgone (m)	[fur'gone]
caminhão-trator (m)	motrice (f)	[mo'tritʃe]
reboque (m)	rimorchio (m)	[ri'morkio]
confortável (adj)	confortevole	[konfor'tevole]
usado (adj)	di seconda mano	[di se'konda 'mano]

147. Carros. Carroçaria

capô (m)	cofano (m)	['kofano]
para-choque (m)	parafango (m)	[para'fango]
teto (m)	tetto (m)	['tetto]
para-brisa (m)	parabrezza (m)	[para'breddza]
retrovisor (m)	retrovisore (m)	[retrovi'zore]
esguicho (m)	lavacristallo (m)	[lava kris'tallo]
limpadores (m) de para-brisas	tergicristallo (m)	[terdʒikris'tallo]
vidro (m) lateral	finestrino (m) laterale	[fine'strino late'rale]
elevador (m) do vidro	alzacristalli (m)	[altsa·kri'stalli]
antena (f)	antenna (f)	[an'tenna]
teto (m) solar	tettuccio (m) apribile	[tet'tutʃo a'pribile]
para-choque (m)	paraurti (m)	[para'urti]
porta-malas (f)	bagagliaio (m)	[bagaʎ'ʎajo]
bagageira (f)	portapacchi (m)	[porta'pakki]
porta (f)	portiera (f)	[por'tjera]
maçaneta (f)	maniglia (f)	[ma'niʎʎa]
fechadura (f)	serratura (f)	[serra'tura]
placa (f)	targa (f)	['targa]
silenciador (m)	marmitta (f)	[mar'mitta]

tanque (m) de gasolina	**serbatoio** (m) **della benzina**	[serba'tojo della ben'dzina]
tubo (m) de exaustão	**tubo** (m) **di scarico**	['tubo di 'skariko]

acelerador (m)	**acceleratore** (m)	[atʃelera'tore]
pedal (m)	**pedale** (m)	[pe'dale]
pedal (m) do acelerador	**pedale** (m) **dell'acceleratore**	[pe'dale dell atʃelera'tore]

freio (m)	**freno** (m)	['freno]
pedal (m) do freio	**pedale** (m) **del freno**	[pe'dale del 'freno]
frear (vt)	**frenare** (vi)	[fre'nare]
freio (m) de mão	**freno** (m) **a mano**	['freno a 'mano]

embreagem (f)	**frizione** (f)	[fri'tsjone]
pedal (m) da embreagem	**pedale** (m) **della frizione**	[pe'dale 'della fri'tsjone]
disco (m) de embreagem	**disco** (m) **della frizione**	['disko 'della fri'tsjone]
amortecedor (m)	**ammortizzatore** (m)	[ammortiddza'tore]

roda (f)	**ruota** (f)	[ru'ota]
pneu (m) estepe	**ruota** (f) **di scorta**	[ru'ota di 'skorta]
pneu (m)	**pneumatico** (m)	[pneu'matiko]
calota (f)	**copriruota** (m)	[kopri·ru'ota]

rodas (f pl) motrizes	**ruote** (f pl) **motrici**	[ru'ote mo'tritʃi]
de tração dianteira	**a trazione anteriore**	[a tra'tsjone ante'rjore]
de tração traseira	**a trazione posteriore**	[a tra'tsjone poste'rjore]
de tração às 4 rodas	**a trazione integrale**	[a tra'tsjone inte'grale]

caixa (f) de mudanças	**scatola** (f) **del cambio**	['skatola del 'kambio]
automático (adj)	**automatico**	[auto'matiko]
mecânico (adj)	**meccanico**	[mek'kaniko]
alavanca (f) de câmbio	**leva** (f) **del cambio**	['leva del 'kambio]

farol (m)	**faro** (m)	['faro]
faróis (m pl)	**luci** (f pl), **fari** (m pl)	['lutʃi], ['fari]

farol (m) baixo	**luci** (f pl) **anabbaglianti**	['lutʃi anabbaʎʎanti]
farol (m) alto	**luci** (f pl) **abbaglianti**	['lutʃi abbaʎʎanti]
luzes (f pl) de parada	**luci** (f pl) **di arresto**	['lutʃi di ar'resto]

luzes (f pl) de posição	**luci** (f pl) **di posizione**	['lutʃi di pozi'tsjone]
luzes (f pl) de emergência	**luci** (f pl) **di emergenza**	['lutʃi di emer'dʒentsa]
faróis (m pl) de neblina	**fari** (m pl) **antinebbia**	['fari anti'nebbia]
pisca-pisca (m)	**freccia** (f)	['fretʃa]
luz (f) de marcha ré	**luci** (f pl) **di retromarcia**	['lutʃi di retro'martʃa]

148. Carros. Habitáculo

interior (do carro)	**abitacolo** (m)	[abi'takolo]
de couro	**di pelle**	[di 'pelle]
de veludo	**in velluto**	[in vel'luto]
estofamento (m)	**rivestimento** (m)	[rivesti'mento]

indicador (m)	**strumento** (m) **di bordo**	[stru'mento di 'bordo]
painel (m)	**cruscotto** (m)	[kru'skotto]

velocímetro (m)	**tachimetro** (m)	[ta'kimetro]
ponteiro (m)	**lancetta** (f)	[lan'tʃetta]
hodômetro, odômetro (m)	**contachilometri** (m)	[kontaki'lometri]
indicador (m)	**indicatore** (m)	[indika'tore]
nível (m)	**livello** (m)	[li'vello]
luz (f) de aviso	**spia** (f) **luminosa**	['spia lumi'noza]
volante (m)	**volante** (m)	[vo'lante]
buzina (f)	**clacson** (m)	['klakson]
botão (m)	**pulsante** (m)	[pul'sante]
interruptor (m)	**interruttore** (m)	[interrut'tore]
assento (m)	**sedile** (m)	[se'dile]
costas (f pl) do assento	**spalliera** (f)	[spal'ljera]
cabeceira (f)	**appoggiatesta** (m)	[appodʒa'testa]
cinto (m) de segurança	**cintura** (f) **di sicurezza**	[tʃin'tura di siku'rettsa]
apertar o cinto	**allacciare la cintura**	[ala'tʃare la tʃin'tura]
ajuste (m)	**regolazione** (f)	[regola'tsjone]
airbag (m)	**airbag** (m)	['erbeg]
ar (m) condicionado	**condizionatore** (m)	[konditsiona'tore]
rádio (m)	**radio** (f)	['radio]
leitor (m) de CD	**lettore** (m) **CD**	[let'tore tʃi'di]
ligar (vt)	**accendere** (vt)	[a'tʃendere]
antena (f)	**antenna** (f)	[an'tenna]
porta-luvas (m)	**vano** (m) **portaoggetti**	['vano porta·o'dʒetti]
cinzeiro (m)	**portacenere** (m)	[porta·'tʃenere]

149. Carros. Motor

motor (m)	**motore** (m)	[mo'tore]
a diesel	**a diesel**	[a 'dizel]
a gasolina	**a benzina**	[a ben'dzina]
cilindrada (f)	**cilindrata** (f)	[tʃilin'drata]
potência (f)	**potenza** (f)	[po'tentsa]
cavalo (m) de potência	**cavallo vapore** (m)	[ka'vallo va'pore]
pistão (m)	**pistone** (m)	[pi'stone]
cilindro (m)	**cilindro** (m)	[tʃi'lindro]
válvula (f)	**valvola** (f)	['valvola]
injetor (m)	**iniettore** (m)	[injet'tore]
gerador (m)	**generatore** (m)	[dʒenera'tore]
carburador (m)	**carburatore** (m)	[karbura'tore]
óleo (m) de motor	**olio** (m) **motore**	['olio mo'tore]
radiador (m)	**radiatore** (m)	[radia'tore]
líquido (m) de arrefecimento	**liquido** (m) **di raffreddamento**	['likwido di raffredda'mento]
ventilador (m)	**ventilatore** (m)	[ventila'tore]
bateria (f)	**batteria** (m)	[batte'ria]
dispositivo (m) de arranque	**motorino** (m) **d'avviamento**	[moto'rino davvja'mento]

| ignição (f) | accensione (f) | [atʃen'sjone] |
| vela (f) de ignição | candela (f) d'accensione | [kan'dela datʃen'sjone] |

terminal (m)	morsetto (m)	[mor'setto]
terminal (m) positivo	più (m)	['pju]
terminal (m) negativo	meno (m)	['meno]
fusível (m)	fusibile (m)	[fu'zibile]

filtro (m) de ar	filtro (m) dell'aria	['filtro dell 'aria]
filtro (m) de óleo	filtro (m) dell'olio	['filtro dell 'olio]
filtro (m) de combustível	filtro (m) del carburante	['filtro del karbu'rante]

150. Carros. Batidas. Reparação

acidente (m) de carro	incidente (m)	[intʃi'dente]
acidente (m) rodoviário	incidente (m) stradale	[intʃi'dente stra'dale]
bater (~ num muro)	sbattere contro ...	['zbattere 'kontro]
sofrer um acidente	avere un incidente	[a'vere un intʃi'dente]
dano (m)	danno (m)	['danno]
intato	illeso	[il'lezo]

pane (f)	guasto (m), avaria (f)	['gwasto], [ava'ria]
avariar (vi)	essere rotto	['essere 'rotto]
cabo (m) de reboque	cavo (m) di rimorchio	['kavo di ri'morkio]

furo (m)	foratura (f)	[fora'tura]
estar furado	essere a terra	['essere a 'terra]
encher (vt)	gonfiare (vt)	[gon'fjare]
pressão (f)	pressione (f)	[pres'sjone]
verificar (vt)	verificare (vt)	[verifi'kare]

reparo (m)	riparazione (f)	[ripara'tsjone]
oficina (f) automotiva	officina (f) meccanica	[offi'tʃina me'kanika]
peça (f) de reposição	pezzo (m) di ricambio	['pettso di ri'kambio]
peça (f)	pezzo (m)	['pettso]

parafuso (com porca)	bullone (m)	[bul'lone]
parafuso (m)	bullone (m) a vite	[bul'lone a 'vite]
porca (f)	dado (m)	['dado]
arruela (f)	rondella (f)	[ron'della]
rolamento (m)	cuscinetto (m)	[kuʃi'netto]

tubo (m)	tubo (m)	['tubo]
junta, gaxeta (f)	guarnizione (f)	[gwarni'tsjone]
fio, cabo (m)	filo (m), cavo (m)	['filo], ['kavo]

macaco (m)	cric (m)	[krik]
chave (f) de boca	chiave (f)	['kjave]
martelo (m)	martello (m)	[mar'tello]
bomba (f)	pompa (f)	['pompa]
chave (f) de fenda	giravite (m)	[dʒira'vite]

| extintor (m) | estintore (m) | [estin'tore] |
| triângulo (m) de emergência | triangolo (m) di emergenza | [tri'angolo di emer'dʒentsa] |

morrer (motor)	**spegnersi** (vr)	['speɲersi]
paragem, "morte" (f)	**spegnimento** (m) **motore**	[speɲi'mento mo'tore]
estar quebrado	**essere rotto**	['essere 'rotto]

superaquecer-se (vr)	**surriscaldarsi** (vr)	[surriskal'darsi]
entupir-se (vr)	**intasarsi** (vr)	[inta'zarsi]
congelar-se (vr)	**ghiacciarsi** (vr)	[gja'tʃarsi]
rebentar (vi)	**spaccarsi** (vr)	[spak'karsi]

pressão (f)	**pressione** (f)	[pres'sjone]
nível (m)	**livello** (m)	[li'vello]
frouxo (adj)	**lento**	['lento]

batida (f)	**ammaccatura** (f)	[ammakka'tura]
ruído (m)	**battito** (m)	['battito]
fissura (f)	**fessura** (f)	[fes'sura]
arranhão (m)	**graffiatura** (f)	[graffja'tura]

151. Carros. Estrada

estrada (f)	**strada** (f)	['strada]
autoestrada (f)	**superstrada** (f)	[super'strada]
rodovia (f)	**autostrada** (f)	[auto'strada]
direção (f)	**direzione** (f)	[dire'tsjone]
distância (f)	**distanza** (f)	[di'stantsa]

ponte (f)	**ponte** (m)	['ponte]
parque (m) de estacionamento	**parcheggio** (m)	[par'kedʒo]
praça (f)	**piazza** (f)	['pjattsa]
nó (m) rodoviário	**svincolo** (m)	['zvinkolo]
túnel (m)	**galleria** (f), **tunnel** (m)	[galle'ria], ['tunnel]

posto (m) de gasolina	**distributore** (m) **di benzina**	[distribu'tore di ben'dzina]
parque (m) de estacionamento	**parcheggio** (m)	[par'kedʒo]
bomba (f) de gasolina	**pompa** (f) **di benzina**	['pompa di ben'dzina]
oficina (f) automotiva	**officina** (f) **meccanica**	[offi'tʃina me'kanika]
abastecer (vt)	**fare benzina**	['fare ben'dzina]
combustível (m)	**carburante** (m)	[karbu'rante]
galão (m) de gasolina	**tanica** (f)	['tanika]

asfalto (m)	**asfalto** (m)	[as'falto]
marcação (f) de estradas	**segnaletica** (f) **stradale**	[seɲa'letika stra'dale]
meio-fio (m)	**cordolo** (m)	['kordolo]
guard-rail (m)	**barriera** (f) **di sicurezza**	[bar'rjera di siku'rettsa]
valeta (f)	**fosso** (m)	['fosso]
acostamento (m)	**ciglio** (m) **della strada**	['tʃiʎʎo della 'strada]
poste (m) de luz	**lampione** (m)	[lam'pjone]

dirigir (vt)	**guidare, condurre**	[gwi'dare], [kon'durre]
virar (~ para a direita)	**girare** (vi)	[dʒi'rare]
dar retorno	**fare un'inversione a U**	['fare un inver'sjone a u:]
ré (f)	**retromarcia** (m)	[retro'martʃa]
buzinar (vi)	**suonare il clacson**	[suo'nare il 'klakson]
buzina (f)	**colpo** (m) **di clacson**	['kolpo di 'klakson]

atolar-se (vr)	**incastrarsi** (vr)	[inka'strarsi]
patinar (na lama)	**impantanarsi** (vr)	[impanta'narsi]
desligar (vt)	**spegnere** (vt)	['speɲere]

velocidade (f)	**velocità** (f)	[veloʧi'ta]
exceder a velocidade	**superare i limiti di velocità**	[supe'rare i 'limiti di veloʧi'ta]
multar (vt)	**multare** (vt)	[mul'tare]
semáforo (m)	**semaforo** (m)	[se'maforo]
carteira (f) de motorista	**patente** (f) **di guida**	[pa'tente di 'gwida]

passagem (f) de nível	**passaggio** (m) **a livello**	[pas'sadʒo a li'vello]
cruzamento (m)	**incrocio** (m)	[in'kroʧo]
faixa (f)	**passaggio** (m) **pedonale**	[pas'sadʒo pedo'nale]
curva (f)	**curva** (f)	['kurva]
zona (f) de pedestres	**zona** (f) **pedonale**	['dzona pedo'nale]

PESSOAS. EVENTOS

Eventos

152. Férias. Evento

festa (f)	festa (f)	['festa]
feriado (m) nacional	festa (f) nazionale	['festa natsjo'nale]
feriado (m)	festività (f) civile	[festivi'ta ʧi'vile]
festejar (vt)	festeggiare (vt)	[feste'dʒare]
evento (festa, etc.)	avvenimento (m)	[avveni'mento]
evento (banquete, etc.)	evento (m)	[e'vento]
banquete (m)	banchetto (m)	[baŋ'ketto]
recepção (f)	ricevimento (m)	[riʧevi'mento]
festim (m)	festino (m)	[fes'tino]
aniversário (m)	anniversario (m)	[anniver'sario]
jubileu (m)	giubileo (m)	[dʒubi'leo]
celebrar (vt)	festeggiare (vt)	[feste'dʒare]
Ano (m) Novo	Capodanno (m)	[kapo'danno]
Feliz Ano Novo!	Buon Anno!	[buo'nanno]
Natal (m)	Natale (m)	[na'tale]
Feliz Natal!	Buon Natale!	[bu'on na'tale]
árvore (f) de Natal	Albero (m) di Natale	['albero di na'tale]
fogos (m pl) de artifício	fuochi (m pl) artificiali	[fu'oki artifi'ʧali]
casamento (m)	nozze (f pl)	['nottse]
noivo (m)	sposo (m)	['spozo]
noiva (f)	sposa (f)	['spoza]
convidar (vt)	invitare (vt)	[invi'tare]
convite (m)	invito (m)	[in'vito]
convidado (m)	ospite (m)	['ospite]
visitar (vt)	andare a trovare	[an'dare a tro'vare]
receber os convidados	accogliere gli invitati	[ak'koʎʎere ʎi invi'tati]
presente (m)	regalo (m)	[re'galo]
oferecer, dar (vt)	offrire (vt)	[of'frire]
receber presentes	ricevere i regali	[ri'ʧevere i re'gali]
buquê (m) de flores	mazzo (m) di fiori	['mattso di 'fjori]
felicitações (f pl)	auguri (m pl)	[au'guri]
felicitar (vt)	augurare (vt)	[augu'rare]
cartão (m) de parabéns	cartolina (f)	[karto'lina]
enviar um cartão postal	mandare una cartolina	[man'dare 'una karto'lina]

receber um cartão postal	ricevere una cartolina	[ri'tʃevere 'una karto'lina]
brinde (m)	brindisi (m)	['brindizi]
oferecer (vt)	offrire (vt)	[of'frire]
champanhe (m)	champagne (m)	[ʃam'paɲ]
divertir-se (vr)	divertirsi (vr)	[diver'tirsi]
diversão (f)	allegria (f)	[alle'gria]
alegria (f)	gioia (f)	['dʒoja]
dança (f)	danza (f), ballo (m)	['dantsa], ['ballo]
dançar (vi)	ballare (vi, vt)	[bal'lare]
valsa (f)	valzer (m)	['valtser]
tango (m)	tango (m)	['tango]

153. Funerais. Enterro

cemitério (m)	cimitero (m)	[tʃimi'tero]
sepultura (f), túmulo (m)	tomba (f)	['tomba]
cruz (f)	croce (f)	['krotʃe]
lápide (f)	pietra (f) tombale	['pjetra tom'bale]
cerca (f)	recinto (m)	[re'tʃinto]
capela (f)	cappella (f)	[kap'pella]
morte (f)	morte (f)	['morte]
morrer (vi)	morire (vi)	[mo'rire]
defunto (m)	defunto (m)	[de'funto]
luto (m)	lutto (m)	['lutto]
enterrar, sepultar (vt)	seppellire (vt)	[seppel'lire]
funerária (f)	sede (f) di pompe funebri	['sede di 'pompe 'funebri]
funeral (m)	funerale (m)	[fune'rale]
coroa (f) de flores	corona (f) di fiori	[ko'rona di 'fjori]
caixão (m)	bara (f)	['bara]
carro (m) funerário	carro (m) funebre	['karro 'funebre]
mortalha (f)	lenzuolo (m) funebre	[lentsu'olo 'funebre]
procissão (f) funerária	corteo (m) funebre	[kor'teo 'funebre]
urna (f) funerária	urna (f) funeraria	['urna fune'raria]
crematório (m)	crematorio (m)	[krema'torio]
obituário (m), necrologia (f)	necrologio (m)	[nekro'lodʒo]
chorar (vi)	piangere (vi)	['pjandʒere]
soluçar (vi)	singhiozzare (vi)	[singjot'tsare]

154. Guerra. Soldados

pelotão (m)	plotone (m)	[plo'tone]
companhia (f)	compagnia (f)	[kompa'ɲia]
regimento (m)	reggimento (m)	[redʒi'mento]
exército (m)	esercito (m)	[e'zertʃito]

divisão (f)	divisione (f)	[divi'zjone]
esquadrão (m)	distaccamento (m)	[distakka'mento]
hoste (f)	armata (f)	[ar'mata]

soldado (m)	soldato (m)	[sol'dato]
oficial (m)	ufficiale (m)	[uffi'ʧale]

soldado (m) raso	soldato (m) semplice	[sol'dato 'sempliʧe]
sargento (m)	sergente (m)	[ser'dʒente]
tenente (m)	tenente (m)	[te'nente]
capitão (m)	capitano (m)	[kapi'tano]
major (m)	maggiore (m)	[ma'dʒore]
coronel (m)	colonnello (m)	[kolon'nello]
general (m)	generale (m)	[dʒene'rale]

marujo (m)	marinaio (m)	[mari'najo]
capitão (m)	capitano (m)	[kapi'tano]
contramestre (m)	nostromo (m)	[no'stromo]

artilheiro (m)	artigliere (m)	[artiʎ'ʎere]
soldado (m) paraquedista	paracadutista (m)	[parakadu'tista]
piloto (m)	pilota (m)	[pi'lota]
navegador (m)	navigatore (m)	[naviga'tore]
mecânico (m)	meccanico (m)	[mek'kaniko]

sapador-mineiro (m)	geniere (m)	[dʒe'njere]
paraquedista (m)	paracadutista (m)	[parakadu'tista]
explorador (m)	esploratore (m)	[esplora'tore]
atirador (m) de tocaia	cecchino (m)	[ʧek'kino]
patrulha (f)	pattuglia (f)	[pat'tuʎʎa]
patrulhar (vt)	pattugliare (vt)	[pattuʎ'ʎare]
sentinela (f)	sentinella (f)	[senti'nella]

guerreiro (m)	guerriero (m)	[gwer'rjero]
patriota (m)	patriota (m)	[patri'ota]
herói (m)	eroe (m)	[e'roe]
heroína (f)	eroina (f)	[ero'ina]

traidor (m)	traditore (m)	[tradi'tore]
desertor (m)	disertore (m)	[dizer'tore]
desertar (vt)	disertare (vi)	[dizer'tare]

mercenário (m)	mercenario (m)	[merʧe'nario]
recruta (m)	recluta (f)	['rekluta]
voluntário (m)	volontario (m)	[volon'tario]

morto (m)	ucciso (m)	[u'ʧizo]
ferido (m)	ferito (m)	[fe'rito]
prisioneiro (m) de guerra	prigioniero (m) di guerra	[pridʒo'njero di 'gwerra]

155. Guerra. Ações militares. Parte 1

guerra (f)	guerra (f)	['gwerra]
guerrear (vt)	essere in guerra	['essere in 'gwerra]

guerra (f) civil	**guerra** (f) **civile**	['gwerra tʃi'vile]
perfidamente	**perfidamente**	[perfida'mente]
declaração (f) de guerra	**dichiarazione** (f) **di guerra**	[dikjara'tsjone di 'gwerra]
declarar guerra	**dichiarare** (vt)	[dikja'rare]
agressão (f)	**aggressione** (f)	[aggres'sjone]
atacar (vt)	**attaccare** (vt)	[attak'kare]
invadir (vt)	**invadere** (vt)	[in'vadere]
invasor (m)	**invasore** (m)	[inva'zore]
conquistador (m)	**conquistatore** (m)	[konkwista'tore]
defesa (f)	**difesa** (f)	[di'feza]
defender (vt)	**difendere** (vt)	[di'fendere]
defender-se (vr)	**difendersi** (vr)	[di'fendersi]
inimigo (m)	**nemico** (m)	[ne'miko]
adversário (m)	**avversario** (m)	[avver'sario]
inimigo (adj)	**ostile**	[o'stile]
estratégia (f)	**strategia** (f)	[strate'dʒia]
tática (f)	**tattica** (f)	['tattika]
ordem (f)	**ordine** (m)	['ordine]
comando (m)	**comando** (m)	[ko'mando]
ordenar (vt)	**ordinare** (vt)	[ordi'nare]
missão (f)	**missione** (f)	[mis'sjone]
secreto (adj)	**segreto**	[se'greto]
batalha (f)	**battaglia** (f)	[bat'taʎʎa]
combate (m)	**combattimento** (m)	[kombatti'mento]
ataque (m)	**attacco** (m)	[at'takko]
assalto (m)	**assalto** (m)	[as'salto]
assaltar (vt)	**assalire** (vt)	[assa'lire]
assédio, sítio (m)	**assedio** (m)	[as'sedio]
ofensiva (f)	**offensiva** (f)	[offen'siva]
tomar à ofensiva	**passare all'offensiva**	[pas'sare all offen'siva]
retirada (f)	**ritirata** (f)	[riti'rata]
retirar-se (vr)	**ritirarsi** (vr)	[riti'rarsi]
cerco (m)	**accerchiamento** (m)	[atʃerkja'mento]
cercar (vt)	**accerchiare** (vt)	[atʃer'kjare]
bombardeio (m)	**bombardamento** (m)	[bombarda'mento]
lançar uma bomba	**lanciare una bomba**	[lan'tʃare 'una 'bomba]
bombardear (vt)	**bombardare** (vt)	[bomar'dare]
explosão (f)	**esplosione** (f)	[esplo'zjone]
tiro (m)	**sparo** (m)	['sparo]
dar um tiro	**sparare un colpo**	[spa'rare un 'kolpo]
tiroteio (m)	**sparatoria** (f)	[spara'toria]
apontar para ...	**puntare su ...**	[pun'tare su]
apontar (vt)	**puntare** (vt)	[pun'tare]

acertar (vt)	**colpire** (vt)	[kol'pire]
afundar (~ um navio, etc.)	**affondare** (vt)	[affon'dare]
brecha (f)	**falla** (f)	['falla]
afundar-se (vr)	**affondare** (vi)	[affon'dare]
frente (m)	**fronte** (m)	['fronte]
evacuação (f)	**evacuazione** (f)	[evakua'tsjone]
evacuar (vt)	**evacuare** (vt)	[evaku'are]
trincheira (f)	**trincea** (f)	[trin'tʃea]
arame (m) enfarpado	**filo** (m) **spinato**	['filo spi'nato]
barreira (f) anti-tanque	**sbarramento** (m)	[zbarra'mento]
torre (f) de vigia	**torretta** (f) **di osservazione**	[tor'retta di oserva'tsjone]
hospital (m) militar	**ospedale** (m) **militare**	[ospe'dale mili'tare]
ferir (vt)	**ferire** (vt)	[fe'rire]
ferida (f)	**ferita** (f)	[fe'rita]
ferido (m)	**ferito** (m)	[fe'rito]
ficar ferido	**rimanere ferito**	[rima'nere fe'rito]
grave (ferida ~)	**grave**	['grave]

156. Armas

arma (f)	**armi** (f pl)	['armi]
arma (f) de fogo	**arma** (f) **da fuoco**	['arma da fu'oko]
arma (f) branca	**arma** (f) **bianca**	['arma 'bjanka]
arma (f) química	**armi** (f pl) **chimiche**	['armi 'kimike]
nuclear (adj)	**nucleare**	[nukle'are]
arma (f) nuclear	**armi** (f pl) **nucleari**	['armi nukle'ari]
bomba (f)	**bomba** (f)	['bomba]
bomba (f) atômica	**bomba** (f) **atomica**	['bomba a'tomika]
pistola (f)	**pistola** (f)	[pi'stola]
rifle (m)	**fucile** (m)	[fu'tʃile]
semi-automática (f)	**mitra** (m)	['mitra]
metralhadora (f)	**mitragliatrice** (f)	[mitraʎʎa'tritʃe]
boca (f)	**bocca** (f)	['bokka]
cano (m)	**canna** (f)	['kanna]
calibre (m)	**calibro** (m)	['kalibro]
gatilho (m)	**grilletto** (m)	[gril'letto]
mira (f)	**mirino** (m)	[mi'rino]
carregador (m)	**caricatore** (m)	[karika'tore]
coronha (f)	**calcio** (m)	['kaltʃo]
granada (f) de mão	**bomba** (f) **a mano**	['bomba a 'mano]
explosivo (m)	**esplosivo** (m)	[esplo'zivo]
bala (f)	**pallottola** (f)	[pal'lottola]
cartucho (m)	**cartuccia** (f)	[kar'tutʃa]
carga (f)	**carica** (f)	['karika]

munições (f pl)	munizioni (f pl)	[muni'tsjoni]
bombardeiro (m)	bombardiere (m)	[bombar'djere]
avião (m) de caça	aereo (m) da caccia	[a'ereo da 'katʃa]
helicóptero (m)	elicottero (m)	[eli'kottero]

canhão (m) antiaéreo	cannone (m) antiaereo	[kan'none anti·a'ereo]
tanque (m)	carro (m) armato	['karro ar'mato]
canhão (de um tanque)	cannone (m)	[kan'none]

artilharia (f)	artiglieria (f)	[artiʎʎe'ria]
canhão (m)	cannone (m)	[kan'none]
fazer a pontaria	mirare a ...	[mi'rare a]

projétil (m)	proiettile (m)	[pro'jettile]
granada (f) de morteiro	granata (f) da mortaio	[gra'nata da mor'tajo]
morteiro (m)	mortaio (m)	[mor'tajo]
estilhaço (m)	scheggia (f)	['skedʒa]

submarino (m)	sottomarino (m)	[sottoma'rino]
torpedo (m)	siluro (m)	[si'luro]
míssil (m)	missile (m)	['missile]

carregar (uma arma)	caricare (vt)	[kari'kare]
disparar, atirar (vi)	sparare (vi)	[spa'rare]
apontar para ...	puntare su ...	[pun'tare su]
baioneta (f)	baionetta (f)	[bajo'netta]

espada (f)	spada (f)	['spada]
sabre (m)	sciabola (f)	['ʃabola]
lança (f)	lancia (f)	['lantʃa]
arco (m)	arco (m)	['arko]
flecha (f)	freccia (f)	['fretʃa]
mosquete (m)	moschetto (m)	[mos'ketto]
besta (f)	balestra (f)	[ba'lestra]

157. Povos da antiguidade

primitivo (adj)	primitivo	[primi'tivo]
pré-histórico (adj)	preistorico	[preis'toriko]
antigo (adj)	antico	[an'tiko]

Idade (f) da Pedra	Età (f) della pietra	[e'ta 'della 'pjetra]
Idade (f) do Bronze	Età (f) del bronzo	[e'ta del 'brondzo]
Era (f) do Gelo	epoca (f) glaciale	['epoka gla'tʃale]

tribo (f)	tribù (f)	[tri'bu]
canibal (m)	cannibale (m)	[kan'nibale]
caçador (m)	cacciatore (m)	[katʃa'tore]
caçar (vi)	cacciare (vt)	[ka'tʃare]
mamute (m)	mammut (m)	[mam'mut]

caverna (f)	caverna (f), grotta (f)	[ka'verna], ['grotta]
fogo (m)	fuoco (m)	[fu'oko]
fogueira (f)	falò (m)	[fa'lo]

pintura (f) rupestre	**pittura** (f) **rupestre**	[pit'tura ru'pestre]
ferramenta (f)	**strumento** (m) **di lavoro**	[stru'mento di la'voro]
lança (f)	**lancia** (f)	['lantʃa]
machado (m) de pedra	**ascia** (f) **di pietra**	['aʃa di 'pjetra]
guerrear (vt)	**essere in guerra**	['essere in 'gwerra]
domesticar (vt)	**addomesticare** (vt)	[addomesti'kare]
ídolo (m)	**idolo** (m)	['idolo]
adorar, venerar (vt)	**idolatrare** (vt)	[idola'trare]
superstição (f)	**superstizione** (f)	[supersti'tsjone]
ritual (m)	**rito** (m)	['rito]
evolução (f)	**evoluzione** (f)	[evolu'tsjone]
desenvolvimento (m)	**sviluppo** (m)	[zvi'luppo]
extinção (f)	**estinzione** (f)	[estin'tsjone]
adaptar-se (vr)	**adattarsi** (vr)	[adat'tarsi]
arqueologia (f)	**archeologia** (f)	[arkeolo'dʒia]
arqueólogo (m)	**archeologo** (m)	[arke'ologo]
arqueológico (adj)	**archeologico**	[arkeo'lodʒiko]
escavação (sítio)	**sito** (m) **archeologico**	['sito arkeo'lodʒiko]
escavações (f pl)	**scavi** (m pl)	['skavi]
achado (m)	**reperto** (m)	[re'perto]
fragmento (m)	**frammento** (m)	[fram'mento]

158. Idade média

povo (m)	**popolo** (m)	['popolo]
povos (m pl)	**popoli** (m pl)	['popoli]
tribo (f)	**tribù** (f)	[tri'bu]
tribos (f pl)	**tribù** (f pl)	[tri'bu]
bárbaros (pl)	**barbari** (m pl)	['barbari]
galeses (pl)	**galli** (m pl)	['galli]
godos (pl)	**goti** (m pl)	['goti]
eslavos (pl)	**slavi** (m pl)	['zlavi]
viquingues (pl)	**vichinghi** (m pl)	[vi'kingi]
romanos (pl)	**romani** (m pl)	[ro'mani]
romano (adj)	**romano**	[ro'mano]
bizantinos (pl)	**bizantini** (m pl)	[bidzan'tini]
Bizâncio	**Bisanzio** (m)	[bi'zansio]
bizantino (adj)	**bizantino**	[bidzan'tino]
imperador (m)	**imperatore** (m)	[impera'tore]
líder (m)	**capo** (m)	['kapo]
poderoso (adj)	**potente**	[po'tente]
rei (m)	**re** (m)	[re]
governante (m)	**governante** (m)	[gover'nante]
cavaleiro (m)	**cavaliere** (m)	[kava'ljere]
senhor feudal (m)	**feudatario** (m)	[feuda'tario]

| feudal (adj) | feudale | [feu'dale] |
| vassalo (m) | vassallo (m) | [vas'sallo] |

duque (m)	duca (m)	['duka]
conde (m)	conte (m)	['konte]
barão (m)	barone (m)	[ba'rone]
bispo (m)	vescovo (m)	['veskovo]

armadura (f)	armatura (f)	[arma'tura]
escudo (m)	scudo (m)	['skudo]
espada (f)	spada (f)	['spada]
viseira (f)	visiera (f)	[vi'zjera]
cota (f) de malha	cotta (f) di maglia	['kotta di 'maʎʎa]

| cruzada (f) | crociata (f) | [kro'ʧata] |
| cruzado (m) | crociato (m) | [kro'ʧato] |

território (m)	territorio (m)	[terri'torio]
atacar (vt)	attaccare (vt)	[attak'kare]
conquistar (vt)	conquistare (vt)	[konkwi'stare]
ocupar, invadir (vt)	occupare (vt)	[okku'pare]

assédio, sítio (m)	assedio (m)	[as'sedio]
sitiado (adj)	assediato	[asse'djato]
assediar, sitiar (vt)	assediare (vt)	[asse'djare]

inquisição (f)	inquisizione (f)	[inkwizi'tsjone]
inquisidor (m)	inquisitore (m)	[inkwizi'tore]
tortura (f)	tortura (f)	[tor'tura]
cruel (adj)	crudele	[kru'dele]
herege (m)	eretico (m)	[e'retiko]
heresia (f)	eresia (f)	[ere'zia]

navegação (f) marítima	navigazione (f)	[naviga'tsjone]
pirata (m)	pirata (m)	[pi'rata]
pirataria (f)	pirateria (f)	[pirate'ria]
abordagem (f)	arrembaggio (m)	[arrem'badʒo]
presa (f), butim (m)	bottino (m)	[bot'tino]
tesouros (m pl)	tesori (m)	[te'zori]

descobrimento (m)	scoperta (f)	[sko'perta]
descobrir (novas terras)	scoprire (vt)	[sko'prire]
expedição (f)	spedizione (f)	[spedi'tsjone]

mosqueteiro (m)	moschettiere (m)	[mosket'tjere]
cardeal (m)	cardinale (m)	[kardi'nale]
heráldica (f)	araldica (f)	[a'raldika]
heráldico (adj)	araldico	[a'raldiko]

159. Líder. Chefe. Autoridades

rei (m)	re (m)	[re]
rainha (f)	regina (f)	[re'dʒina]
real (adj)	reale	[re'ale]

reino (m)	regno (m)	['reɲo]
príncipe (m)	principe (m)	['printʃipe]
princesa (f)	principessa (f)	[printʃi'pessa]

presidente (m)	presidente (m)	[prezi'dente]
vice-presidente (m)	vicepresidente (m)	[vitʃe·prezi'dente]
senador (m)	senatore (m)	[sena'tore]

monarca (m)	monarca (m)	[mo'narka]
governante (m)	governante (m)	[gover'nante]
ditador (m)	dittatore (m)	[ditta'tore]
tirano (m)	tiranno (m)	[ti'ranno]
magnata (m)	magnate (m)	[ma'ɲate]

diretor (m)	direttore (m)	[diret'tore]
chefe (m)	capo (m)	['kapo]
gerente (m)	dirigente (m)	[diri'dʒente]
patrão (m)	capo (m)	['kapo]
dono (m)	proprietario (m)	[proprie'tario]

chefe (m)	capo (m)	['kapo]
autoridades (f pl)	autorità (f pl)	[autori'ta]
superiores (m pl)	superiori (m pl)	[supe'rjori]

governador (m)	governatore (m)	[governa'tore]
cônsul (m)	console (m)	['konsole]
diplomata (m)	diplomatico (m)	[diplo'matiko]
Presidente (m) da Câmara	sindaco (m)	['sindako]
xerife (m)	sceriffo (m)	[ʃe'riffo]

imperador (m)	imperatore (m)	[impera'tore]
czar (m)	zar (m)	[tsar]
faraó (m)	faraone (m)	[fara'one]
cã, khan (m)	khan (m)	['kan]

160. Violação da lei. Criminosos. Parte 1

bandido (m)	bandito (m)	[ban'dito]
crime (m)	delitto (m)	[de'litto]
criminoso (m)	criminale (m)	[krimi'nale]

ladrão (m)	ladro (m)	['ladro]
roubar (vt)	rubare (vi, vt)	[ru'bare]
roubo (atividade)	ruberia (f)	[rube'ria]
furto (m)	furto (m)	['furto]

raptar, sequestrar (vt)	rapire (vt)	[ra'pire]
sequestro (m)	rapimento (m)	[rapi'mento]
sequestrador (m)	rapitore (m)	[rapi'tore]

resgate (m)	riscatto (m)	[ris'katto]
pedir resgate	chiedere il riscatto	['kjedere il ris'katto]
roubar (vt)	rapinare (vt)	[rapi'nare]
assaltante (m)	rapinatore (m)	[rapina'tore]

extorquir (vt)	estorcere (vt)	[es'tortʃere]
extorsionário (m)	estorsore (m)	[estor'sore]
extorsão (f)	estorsione (f)	[estor'sjone]

matar, assassinar (vt)	uccidere (vt)	[u'tʃidere]
homicídio (m)	assassinio (m)	[assas'sinio]
homicida, assassino (m)	assassino (m)	[assas'sino]

tiro (m)	sparo (m)	['sparo]
dar um tiro	tirare un colpo	[ti'rare un 'kolpo]
matar a tiro	abbattere (vt)	[ab'battere]
disparar, atirar (vi)	sparare (vi)	[spa'rare]
tiroteio (m)	sparatoria (f)	[spara'toria]

incidente (m)	incidente (m)	[intʃi'dente]
briga (~ de rua)	rissa (f)	['rissa]
Socorro!	Aiuto!	[a'juto]
vítima (f)	vittima (f)	['vittima]

danificar (vt)	danneggiare (vt)	[danne'dʒare]
dano (m)	danno (m)	['danno]
cadáver (m)	cadavere (m)	[ka'davere]
grave (adj)	grave	['grave]

atacar (vt)	aggredire (vt)	[aggre'dire]
bater (espancar)	picchiare (vt)	[pik'kjare]
espancar (vt)	picchiare (vt)	[pik'kjare]
tirar, roubar (dinheiro)	sottrarre (vt)	[sot'trarre]
esfaquear (vt)	accoltellare a morte	[akkolte'lare a 'morte]
mutilar (vt)	mutilare (vt)	[muti'lare]
ferir (vt)	ferire (vt)	[fe'rire]

chantagem (f)	ricatto (m)	[ri'katto]
chantagear (vt)	ricattare (vt)	[rikat'tare]
chantagista (m)	ricattatore (m)	[rikatta'tore]

extorsão (f)	estorsione (f)	[estor'sjone]
extorsionário (m)	estorsore (m)	[estor'sore]
gângster (m)	gangster (m)	['gangster]
máfia (f)	mafia (f)	['mafia]

punguista (m)	borseggiatore (m)	[borsedʒa'tore]
assaltante, ladrão (m)	scassinatore (m)	[skassina'tore]
contrabando (m)	contrabbando (m)	[kontrab'bando]
contrabandista (m)	contrabbandiere (m)	[kontrabban'djere]

falsificação (f)	falsificazione (f)	[falsifika'tsjone]
falsificar (vt)	falsificare (vt)	[falsifi'kare]
falsificado (adj)	falso, falsificato	['falso], [falsifi'kato]

161. Violação da lei. Criminosos. Parte 2

estupro (m)	stupro (m)	['stupro]
estuprar (vt)	stuprare (vt)	[stu'prare]

estuprador (m)	**stupratore** (m)	[stupra'tore]
maníaco (m)	**maniaco** (m)	[ma'njako]

prostituta (f)	**prostituta** (f)	[prosti'tuta]
prostituição (f)	**prostituzione** (f)	[prostitu'tsjone]
cafetão (m)	**magnaccia** (m)	[ma'ɲatʃa]

drogado (m)	**drogato** (m)	[dro'gato]
traficante (m)	**trafficante** (m) **di droga**	[traffi'kante di 'droga]

explodir (vt)	**far esplodere**	[far e'splodere]
explosão (f)	**esplosione** (f)	[esplo'zjone]
incendiar (vt)	**incendiare** (vt)	[intʃen'djare]
incendiário (m)	**incendiario** (m)	[intʃen'djario]

terrorismo (m)	**terrorismo** (m)	[terro'rizmo]
terrorista (m)	**terrorista** (m)	[terro'rista]
refém (m)	**ostaggio** (m)	[os'tadʒo]

enganar (vt)	**imbrogliare** (vt)	[imbroʎ'ʎare]
engano (m)	**imbroglio** (m)	[im'broʎʎo]
vigarista (m)	**imbroglione** (m)	[imbroʎ'ʎone]

subornar (vt)	**corrompere** (vt)	[kor'rompere]
suborno (atividade)	**corruzione** (f)	[korru'tsjone]
suborno (dinheiro)	**bustarella** (f)	[busta'rella]

veneno (m)	**veleno** (m)	[ve'leno]
envenenar (vt)	**avvelenare** (vt)	[avvele'nare]
envenenar-se (vr)	**avvelenarsi** (vr)	[avvele'narsi]

suicídio (m)	**suicidio** (m)	[sui'tʃidio]
suicida (m)	**suicida** (m)	[sui'tʃida]

ameaçar (vt)	**minacciare** (vt)	[mina'tʃare]
ameaça (f)	**minaccia** (f)	[mi'natʃa]
atentar contra a vida de …	**attentare** (vi)	[atten'tare]
atentado (m)	**attentato** (m)	[atten'tato]

roubar (um carro)	**rubare** (vt)	[ru'bare]
sequestrar (um avião)	**dirottare** (vt)	[dirot'tare]

vingança (f)	**vendetta** (f)	[ven'detta]
vingar (vt)	**vendicare** (vt)	[vendi'kare]

torturar (vt)	**torturare** (vt)	[tortu'rare]
tortura (f)	**tortura** (f)	[tor'tura]
atormentar (vt)	**maltrattare** (vt)	[maltrat'tare]

pirata (m)	**pirata** (m)	[pi'rata]
desordeiro (m)	**teppista** (m)	[tep'pista]
armado (adj)	**armato**	[ar'mato]
violência (f)	**violenza** (f)	[vio'lentsa]
ilegal (adj)	**illegale**	[ille'gale]
espionagem (f)	**spionaggio** (m)	[spio'nadʒo]
espionar (vi)	**spiare** (vi)	[spi'are]

162. Polícia. Lei. Parte 1

justiça (sistema de ≈)	giustizia (f)	[dʒu'stitsia]
tribunal (m)	tribunale (m)	[tribu'nale]
juiz (m)	giudice (m)	['dʒuditʃe]
jurados (m pl)	giurati (m)	[dʒu'rati]
tribunal (m) do júri	processo (m) con giuria	[pro'tʃesso kon dʒu'ria]
julgar (vt)	giudicare (vt)	[dʒudi'kare]
advogado (m)	avvocato (m)	[avvo'kato]
réu (m)	imputato (m)	[impu'tato]
banco (m) dos réus	banco (m) degli imputati	['banko 'deʎʎi impu'tati]
acusação (f)	accusa (f)	[ak'kuza]
acusado (m)	accusato (m)	[akku'zato]
sentença (f)	condanna (f)	[kon'danna]
sentenciar (vt)	condannare (vt)	[kondan'nare]
culpado (m)	colpevole (m)	[kol'pevole]
punir (vt)	punire (vt)	[pu'nire]
punição (f)	punizione (f)	[puni'tsjone]
multa (f)	multa (f), ammenda (f)	['multa], [am'menda]
prisão (f) perpétua	ergastolo (m)	[er'gastolo]
pena (f) de morte	pena (f) di morte	['pena di 'morte]
cadeira (f) elétrica	sedia (f) elettrica	['sedia e'lettrika]
forca (f)	impiccagione (f)	[impikka'dʒone]
executar (vt)	giustiziare (vt)	[dʒusti'tsjare]
execução (f)	esecuzione (f)	[ezeku'tsjone]
prisão (f)	prigione (f)	[pri'dʒone]
cela (f) de prisão	cella (f)	['tʃella]
escolta (f)	scorta (f)	['skorta]
guarda (m) prisional	guardia (f) carceraria	['gwardia kartʃe'raria]
preso, prisioneiro (m)	prigioniero (m)	[pridʒo'njero]
algemas (f pl)	manette (f pl)	[ma'nette]
algemar (vt)	mettere le manette	['mettere le ma'nette]
fuga, evasão (f)	fuga (f)	['fuga]
fugir (vi)	fuggire (vi)	[fu'dʒire]
desaparecer (vi)	scomparire (vi)	[skompa'rire]
soltar, libertar (vt)	liberare (vt)	[libe'rare]
anistia (f)	amnistia (f)	[amni'stia]
polícia (instituição)	polizia (f)	[poli'tsia]
polícia (m)	poliziotto (m)	[poli'tsjotto]
delegacia (f) de polícia	commissariato (m)	[kommissa'rjato]
cassetete (m)	manganello (m)	[manga'nello]
megafone (m)	altoparlante (m)	[altopar'lante]
carro (m) de patrulha	macchina (f) di pattuglia	['makkina di pat'tuʎʎa]

sirene (f)	**sirena** (f)	[si'rena]
ligar a sirene	**mettere la sirena**	['mettere la si'rena]
toque (m) da sirene	**suono** (m) **della sirena**	[su'ono 'della si'rena]
cena (f) do crime	**luogo** (m) **del crimine**	[lu'ogo del 'krimine]
testemunha (f)	**testimone** (m)	[testi'mone]
liberdade (f)	**libertà** (f)	[liber'ta]
cúmplice (m)	**complice** (m)	['komplitʃe]
escapar (vi)	**fuggire** (vi)	[fu'dʒire]
traço (não deixar ~s)	**traccia** (f)	['tratʃa]

163. Polícia. Lei. Parte 2

procura (f)	**ricerca** (f)	[ri'tʃerka]
procurar (vt)	**cercare** (vt)	[tʃer'kare]
suspeita (f)	**sospetto** (m)	[so'spetto]
suspeito (adj)	**sospetto**	[so'spetto]
parar (veículo, etc.)	**fermare** (vt)	[fer'mare]
deter (fazer parar)	**arrestare**	[arre'stare]
caso (~ criminal)	**causa** (f)	['kauza]
investigação (f)	**inchiesta** (f)	[in'kjesta]
detetive (m)	**detective** (m)	[de'tektiv]
investigador (m)	**investigatore** (m)	[investiga'tore]
versão (f)	**versione** (f)	[ver'sjone]
motivo (m)	**movente** (m)	[mo'vente]
interrogatório (m)	**interrogatorio** (m)	[interroga'torio]
interrogar (vt)	**interrogare** (vt)	[interro'gare]
questionar (vt)	**interrogare** (vt)	[interro'gare]
verificação (f)	**controllo** (m)	[kon'trollo]
batida (f) policial	**retata** (f)	[re'tata]
busca (f)	**perquisizione** (f)	[perkwizi'tsjone]
perseguição (f)	**inseguimento** (m)	[insegwi'mento]
perseguir (vt)	**inseguire** (vt)	[inse'gwire]
seguir, rastrear (vt)	**essere sulle tracce**	['essere sulle 'tratʃe]
prisão (f)	**arresto** (m)	[ar'resto]
prender (vt)	**arrestare**	[arre'stare]
pegar, capturar (vt)	**catturare** (vt)	[kattu'rare]
captura (f)	**cattura** (f)	[kat'tura]
documento (m)	**documento** (m)	[doku'mento]
prova (f)	**prova** (f)	['prova]
provar (vt)	**provare** (vt)	[pro'vare]
pegada (f)	**impronta** (f) **del piede**	[im'pronta del 'pjede]
impressões (f pl) digitais	**impronte** (f pl) **digitali**	[im'pronte didʒi'tali]
prova (f)	**elemento** (m) **di prova**	[ele'mento di 'prova]
álibi (m)	**alibi** (m)	['alibi]
inocente (adj)	**innocente**	[inno'tʃente]
injustiça (f)	**ingiustizia** (f)	[indʒu'stitsia]
injusto (adj)	**ingiusto**	[in'dʒusto]

criminal (adj)	**criminale**	[krimi'nale]
confiscar (vt)	**confiscare** (vt)	[konfis'kare]
droga (f)	**droga** (f)	['droga]
arma (f)	**armi** (f pl)	['armi]
desarmar (vt)	**disarmare** (vt)	[dizar'mare]
ordenar (vt)	**ordinare** (vt)	[ordi'nare]
desaparecer (vi)	**sparire** (vi)	[spa'rire]
lei (f)	**legge** (f)	['ledʒe]
legal (adj)	**legale**	[le'gale]
ilegal (adj)	**illegale**	[ille'gale]
responsabilidade (f)	**responsabilità** (f)	[responsabili'ta]
responsável (adj)	**responsabile**	[respon'sabile]

NATUREZA

A Terra. Parte 1

164. Espaço sideral

espaço, cosmo (m)	cosmo (m)	['kozmo]
espacial, cósmico (adj)	cosmico, spaziale	['kozmiko], [spa'tsjale]
espaço (m) cósmico	spazio (m) cosmico	['spatsio 'kozmiko]
mundo (m)	mondo (m)	['mondo]
universo (m)	universo (m)	[uni'verso]
galáxia (f)	galassia (f)	[ga'lassia]
estrela (f)	stella (f)	['stella]
constelação (f)	costellazione (f)	[kostella'tsjone]
planeta (m)	pianeta (m)	[pja'neta]
satélite (m)	satellite (m)	[sa'tellite]
meteorito (m)	meteorite (m)	[meteo'rite]
cometa (m)	cometa (f)	[ko'meta]
asteroide (m)	asteroide (m)	[aste'roide]
órbita (f)	orbita (f)	['orbita]
girar (vi)	ruotare (vi)	[ruo'tare]
atmosfera (f)	atmosfera (f)	[atmo'sfera]
Sol (m)	il Sole	[il 'sole]
Sistema (m) Solar	sistema (m) solare	[si'stema so'lare]
eclipse (m) solar	eclisse (f) solare	[e'klisse so'lare]
Terra (f)	la Terra	[la 'terra]
Lua (f)	la Luna	[la 'luna]
Marte (m)	Marte (m)	['marte]
Vênus (f)	Venere (f)	['venere]
Júpiter (m)	Giove (m)	['dʒove]
Saturno (m)	Saturno (m)	[sa'turno]
Mercúrio (m)	Mercurio (m)	[mer'kurio]
Urano (m)	Urano (m)	[u'rano]
Netuno (m)	Nettuno (m)	[net'tuno]
Plutão (m)	Plutone (m)	[plu'tone]
Via Láctea (f)	Via (f) Lattea	['via 'lattea]
Ursa Maior (f)	Orsa (f) Maggiore	['orsa ma'dʒore]
Estrela Polar (f)	Stella (f) Polare	['stella po'lare]
marciano (m)	marziano (m)	[mar'tsjano]
extraterrestre (m)	extraterrestre (m)	[ekstrater'restre]

alienígena (m)	**alieno** (m)	[a'ljeno]
disco (m) voador	**disco** (m) **volante**	['disko vo'lante]

espaçonave (f)	**nave** (f) **spaziale**	['nave spa'tsjale]
estação (f) orbital	**stazione** (f) **spaziale**	[sta'tsjone spa'tsjale]
lançamento (m)	**lancio** (m)	['lanʧo]

motor (m)	**motore** (m)	[mo'tore]
bocal (m)	**ugello** (m)	[u'dʒello]
combustível (m)	**combustibile** (m)	[kombu'stibile]

cabine (f)	**cabina** (f) **di pilotaggio**	[ka'bina di pilo'tadʒio]
antena (f)	**antenna** (f)	[an'tenna]
vigia (f)	**oblò** (m)	[ob'lo]
bateria (f) solar	**batteria** (f) **solare**	[batte'ria so'lare]
traje (m) espacial	**scafandro** (m)	[ska'fandro]

imponderabilidade (f)	**imponderabilità** (f)	[imponderabili'ta]
oxigênio (m)	**ossigeno** (m)	[os'sidʒeno]

acoplagem (f)	**aggancio** (m)	[ag'ganʧo]
fazer uma acoplagem	**agganciarsi** (vr)	[aggan'ʧarsi]

observatório (m)	**osservatorio** (m)	[osserva'torio]
telescópio (m)	**telescopio** (m)	[tele'skopio]
observar (vt)	**osservare** (vt)	[osser'vare]
explorar (vt)	**esplorare** (vt)	[esplo'rare]

165. A Terra

Terra (f)	**la Terra**	[la 'terra]
globo terrestre (Terra)	**globo** (m) **terrestre**	['globo ter'restre]
planeta (m)	**pianeta** (m)	[pja'neta]

atmosfera (f)	**atmosfera** (f)	[atmo'sfera]
geografia (f)	**geografia** (f)	[dʒeogra'fia]
natureza (f)	**natura** (f)	[na'tura]

globo (mapa esférico)	**mappamondo** (m)	[mappa'mondo]
mapa (m)	**carta** (f) **geografica**	['karta dʒeo'grafika]
atlas (m)	**atlante** (m)	[a'tlante]

Europa (f)	**Europa** (f)	[eu'ropa]
Ásia (f)	**Asia** (f)	['azia]

África (f)	**Africa** (f)	['afrika]
Austrália (f)	**Australia** (f)	[au'stralia]

América (f)	**America** (f)	[a'merika]
América (f) do Norte	**America** (f) **del Nord**	[a'merika del nord]
América (f) do Sul	**America** (f) **del Sud**	[a'merika del sud]

Antártida (f)	**Antartide** (f)	[an'tartide]
Ártico (m)	**Artico** (m)	['artiko]

166. Pontos cardeais

norte (m)	**nord** (m)	[nord]
para norte	**a nord**	[a nord]
no norte	**al nord**	[al nord]
do norte (adj)	**del nord**	[del nord]
sul (m)	**sud** (m)	[sud]
para sul	**a sud**	[a sud]
no sul	**al sud**	[al sud]
do sul (adj)	**del sud**	[del sud]
oeste, ocidente (m)	**ovest** (m)	['ovest]
para oeste	**a ovest**	[a 'ovest]
no oeste	**all'ovest**	[all 'ovest]
ocidental (adj)	**dell'ovest, occidentale**	[dell 'ovest], [otʃiden'tale]
leste, oriente (m)	**est** (m)	[est]
para leste	**a est**	[a est]
no leste	**all'est**	[all 'est]
oriental (adj)	**dell'est, orientale**	[dell 'est], [orien'tale]

167. Mar. Oceano

mar (m)	**mare** (m)	['mare]
oceano (m)	**oceano** (m)	[o'tʃeano]
golfo (m)	**golfo** (m)	['golfo]
estreito (m)	**stretto** (m)	['stretto]
terra (f) firme	**terra** (f)	['terra]
continente (m)	**continente** (m)	[konti'nente]
ilha (f)	**isola** (f)	['izola]
península (f)	**penisola** (f)	[pe'nizola]
arquipélago (m)	**arcipelago** (m)	[artʃi'pelago]
baía (f)	**baia** (f)	['baja]
porto (m)	**porto** (m)	['porto]
lagoa (f)	**laguna** (f)	[la'guna]
cabo (m)	**capo** (m)	['kapo]
atol (m)	**atollo** (m)	[a'tollo]
recife (m)	**scogliera** (f)	[skoʎ'ʎera]
coral (m)	**corallo** (m)	[ko'rallo]
recife (m) de coral	**barriera** (f) **corallina**	[bar'rjera koral'lina]
profundo (adj)	**profondo**	[pro'fondo]
profundidade (f)	**profondità** (f)	[profondi'ta]
abismo (m)	**abisso** (m)	[a'bisso]
fossa (f) oceânica	**fossa** (f)	['fossa]
corrente (f)	**corrente** (f)	[kor'rente]
banhar (vt)	**circondare** (vt)	[tʃirkon'dare]
litoral (m)	**litorale** (m)	[lito'rale]

costa (f)	**costa** (f)	['kosta]
maré (f) alta	**alta marea** (f)	['alta ma'rea]
refluxo (m)	**bassa marea** (f)	['bassa ma'rea]
restinga (f)	**banco** (m) **di sabbia**	['banko di 'sabbia]
fundo (m)	**fondo** (m)	['fondo]
onda (f)	**onda** (f)	['onda]
crista (f) da onda	**cresta** (f) **dell'onda**	['kresta dell 'onda]
espuma (f)	**schiuma** (f)	['skjuma]
tempestade (f)	**tempesta** (f)	[tem'pesta]
furacão (m)	**uragano** (m)	[ura'gano]
tsunami (m)	**tsunami** (m)	[tsu'nami]
calmaria (f)	**bonaccia** (f)	[bo'natʃa]
calmo (adj)	**tranquillo**	[tran'kwillo]
polo (m)	**polo** (m)	['polo]
polar (adj)	**polare**	[po'lare]
latitude (f)	**latitudine** (f)	[lati'tudine]
longitude (f)	**longitudine** (f)	[londʒi'tudine]
paralela (f)	**parallelo** (m)	[paral'lelo]
equador (m)	**equatore** (m)	[ekwa'tore]
céu (m)	**cielo** (m)	['tʃelo]
horizonte (m)	**orizzonte** (m)	[orid'dzonte]
ar (m)	**aria** (f)	['aria]
farol (m)	**faro** (m)	['faro]
mergulhar (vi)	**tuffarsi** (vr)	[tuf'farsi]
afundar-se (vr)	**affondare** (vi)	[affon'dare]
tesouros (m pl)	**tesori** (m)	[te'zori]

168. Montanhas

montanha (f)	**monte** (m), **montagna** (f)	['monte], [mon'taɲa]
cordilheira (f)	**catena** (f) **montuosa**	[ka'tena montu'oza]
serra (f)	**crinale** (m)	[kri'nale]
cume (m)	**cima** (f)	['tʃima]
pico (m)	**picco** (m)	['pikko]
pé (m)	**piedi** (m pl)	['pjede]
declive (m)	**pendio** (m)	[pen'dio]
vulcão (m)	**vulcano** (m)	[vul'kano]
vulcão (m) ativo	**vulcano** (m) **attivo**	[vul'kano at'tivo]
vulcão (m) extinto	**vulcano** (m) **inattivo**	[vul'kano inat'tivo]
erupção (f)	**eruzione** (f)	[eru'tsjone]
cratera (f)	**cratere** (m)	[kra'tere]
magma (m)	**magma** (m)	['magma]
lava (f)	**lava** (f)	['lava]
fundido (lava ~a)	**fuso**	['fuzo]
cânion, desfiladeiro (m)	**canyon** (m)	['kenjon]

garganta (f)	gola (f)	['gola]
fenda (f)	crepaccio (m)	[kre'patʃo]
precipício (m)	precipizio (m)	[pretʃi'pitsio]

passo, colo (m)	passo (m), valico (m)	['passo], ['valiko]
planalto (m)	altopiano (m)	[alto'pjano]
falésia (f)	falesia (f)	[fa'lezia]
colina (f)	collina (f)	[kol'lina]

geleira (f)	ghiacciaio (m)	[gja'tʃajo]
cachoeira (f)	cascata (f)	[kas'kata]
gêiser (m)	geyser (m)	['gejzer]
lago (m)	lago (m)	['lago]

planície (f)	pianura (f)	[pja'nura]
paisagem (f)	paesaggio (m)	[pae'zadʒo]
eco (m)	eco (f)	['eko]

alpinista (m)	alpinista (m)	[alpi'nista]
escalador (m)	scalatore (m)	[skala'tore]
conquistar (vt)	conquistare (vt)	[konkwi'stare]
subida, escalada (f)	scalata (f)	[ska'lata]

169. Rios

rio (m)	fiume (m)	['fjume]
fonte, nascente (f)	fonte (f)	['fonte]
leito (m) de rio	letto (m)	['letto]
bacia (f)	bacino (m)	[ba'tʃino]
desaguar no ...	sfociare nel ...	[sfo'tʃare nel]

| afluente (m) | affluente (m) | [afflu'ente] |
| margem (do rio) | riva (f) | ['riva] |

corrente (f)	corrente (f)	[kor'rente]
rio abaixo	a valle	[a 'valle]
rio acima	a monte	[a 'monte]

inundação (f)	inondazione (f)	[inonda'tsjone]
cheia (f)	piena (f)	['pjena]
transbordar (vi)	straripare (vi)	[strari'pare]
inundar (vt)	inondare (vt)	[inon'dare]

| banco (m) de areia | secca (f) | ['sekka] |
| corredeira (f) | rapida (f) | ['rapida] |

barragem (f)	diga (f)	['diga]
canal (m)	canale (m)	[ka'nale]
reservatório (m) de água	bacino (m) di riserva	[ba'tʃino di ri'zerva]
eclusa (f)	chiusa (f)	['kjuza]

corpo (m) de água	bacino (m) idrico	[ba'tʃino 'idriko]
pântano (m)	palude (f)	[pa'lude]
lamaçal (m)	pantano (m)	[pan'tano]

redemoinho (m)	**vortice** (m)	['vortiʧe]
riacho (m)	**ruscello** (m)	[ru'ʃello]
potável (adj)	**potabile**	[po'tabile]
doce (água)	**dolce**	['dolʧe]

gelo (m)	**ghiaccio** (m)	['gjaʧo]
congelar-se (vr)	**ghiacciarsi** (vr)	[gja'ʧarsi]

170. Floresta

floresta (f), bosque (m)	**foresta** (f)	[fo'resta]
florestal (adj)	**forestale**	[fores'tale]

mata (f) fechada	**foresta** (f) **fitta**	[fo'resta 'fitta]
arvoredo (m)	**boschetto** (m)	[bos'ketto]
clareira (f)	**radura** (f)	[ra'dura]

matagal (m)	**roveto** (m)	[ro'veto]
mato (m), caatinga (f)	**boscaglia** (f)	[bos'kaʎʎa]

pequena trilha (f)	**sentiero** (m)	[sen'tjero]
ravina (f)	**calanco** (m)	[ka'lanko]

árvore (f)	**albero** (m)	['albero]
folha (f)	**foglia** (f)	['foʎʎa]
folhagem (f)	**fogliame** (m)	[foʎ'ʎame]

queda (f) das folhas	**caduta** (f) **delle foglie**	[ka'duta 'delle 'foʎʎe]
cair (vi)	**cadere** (vi)	[ka'dere]
topo (m)	**cima** (f)	['ʧima]

ramo (m)	**ramo** (m), **ramoscello** (m)	['ramo], [ramo'ʃello]
galho (m)	**ramo** (m)	['ramo]
botão (m)	**gemma** (f)	['ʤemma]
agulha (f)	**ago** (m)	['ago]
pinha (f)	**pigna** (f)	['piɲa]

buraco (m) de árvore	**cavità** (f)	[kavi'ta]
ninho (m)	**nido** (m)	['nido]
toca (f)	**tana** (f)	['tana]

tronco (m)	**tronco** (m)	['tronko]
raiz (f)	**radice** (f)	[ra'diʧe]
casca (f) de árvore	**corteccia** (f)	[kor'teʧa]
musgo (m)	**musco** (m)	['musko]

arrancar pela raiz	**sradicare** (vt)	[zradi'kare]
cortar (vt)	**abbattere** (vt)	[ab'battere]
desflorestar (vt)	**disboscare** (vt)	[dizbo'skare]
toco, cepo (m)	**ceppo** (m)	['ʧeppo]

fogueira (f)	**falò** (m)	[fa'lo]
incêndio (m) florestal	**incendio** (m) **boschivo**	[in'ʧendio bos'kivo]
apagar (vt)	**spegnere** (vt)	['speɲere]

guarda-parque (m)	guardia (f) forestale	['gwardia fores'tale]
proteção (f)	protezione (f)	[prote'tsjone]
proteger (a natureza)	proteggere (vt)	[pro'tedʒere]
caçador (m) furtivo	bracconiere (m)	[brakko'njere]
armadilha (f)	tagliola (f)	[taʎ'ʎoʎa]

| colher (cogumelos, bagas) | raccogliere (vt) | [rak'koʎʎere] |
| perder-se (vr) | perdersi (vr) | ['perdersi] |

171. Recursos naturais

recursos (m pl) naturais	risorse (f pl) naturali	[ri'sorse natu'rali]
minerais (m pl)	minerali (m pl)	[mine'rali]
depósitos (m pl)	deposito (m)	[de'pozito]
jazida (f)	giacimento (m)	[dʒatʃi'mento]

extrair (vt)	estrarre (vt)	[e'strarre]
extração (f)	estrazione (f)	[estra'tsjone]
minério (m)	minerale (m) grezzo	[mine'rale 'greddzo]
mina (f)	miniera (f)	[mi'njera]
poço (m) de mina	pozzo (m) di miniera	['pottso di mi'njera]
mineiro (m)	minatore (m)	[mina'tore]

| gás (m) | gas (m) | [gas] |
| gasoduto (m) | gasdotto (m) | [gas'dotto] |

petróleo (m)	petrolio (m)	[pe'trolio]
oleoduto (m)	oleodotto (m)	[oleo'dotto]
poço (m) de petróleo	torre (f) di estrazione	['torre di estra'tsjone]
torre (f) petrolífera	torre (f) di trivellazione	['torre di trivella'tsjone]
petroleiro (m)	petroliera (f)	[petro'ljera]

areia (f)	sabbia (f)	['sabbia]
calcário (m)	calcare (m)	[kal'kare]
cascalho (m)	ghiaia (f)	['gjaja]
turfa (f)	torba (f)	['torba]
argila (f)	argilla (f)	[ar'dʒilla]
carvão (m)	carbone (m)	[kar'bone]

ferro (m)	ferro (m)	['ferro]
ouro (m)	oro (m)	['oro]
prata (f)	argento (m)	[ar'dʒento]
níquel (m)	nichel (m)	['nikel]
cobre (m)	rame (m)	['rame]

zinco (m)	zinco (m)	['dzinko]
manganês (m)	manganese (m)	[manga'neze]
mercúrio (m)	mercurio (m)	[mer'kurio]
chumbo (m)	piombo (m)	['pjombo]

mineral (m)	minerale (m)	[mine'rale]
cristal (m)	cristallo (m)	[kris'tallo]
mármore (m)	marmo (m)	['marmo]
urânio (m)	uranio (m)	[u'ranio]

A Terra. Parte 2

172. Tempo

tempo (m)	tempo (m)	['tempo]
previsão (f) do tempo	previsione (f) del tempo	[previ'zjone del 'tempo]
temperatura (f)	temperatura (f)	[tempera'tura]
termômetro (m)	termometro (m)	[ter'mometro]
barômetro (m)	barometro (m)	[ba'rometro]
úmido (adj)	umido	['umido]
umidade (f)	umidità (f)	[umidi'ta]
calor (m)	caldo (m), afa (f)	['kaldo], ['afa]
tórrido (adj)	molto caldo	['molto 'kaldo]
está muito calor	fa molto caldo	[fa 'molto 'kaldo]
está calor	fa caldo	[fa 'kaldo]
quente (morno)	caldo	['kaldo]
está frio	fa freddo	[fa 'freddo]
frio (adj)	freddo	['freddo]
sol (m)	sole (m)	['sole]
brilhar (vi)	splendere (vi)	['splendere]
de sol, ensolarado	di sole	[di 'sole]
nascer (vi)	levarsi (vr)	[le'varsi]
pôr-se (vr)	tramontare (vi)	[tramon'tare]
nuvem (f)	nuvola (f)	['nuvola]
nublado (adj)	nuvoloso	[nuvo'lozo]
nuvem (f) preta	nube (f) di pioggia	['nube di 'pjoʤa]
escuro, cinzento (adj)	nuvoloso	[nuvo'lozo]
chuva (f)	pioggia (f)	['pjoʤa]
está a chover	piove	['pjove]
chuvoso (adj)	piovoso	[pjo'vozo]
chuviscar (vi)	piovigginare (vi)	[pjoviʤi'nare]
chuva (f) torrencial	pioggia (f) torrenziale	['pjoʤa torren'tsjale]
aguaceiro (m)	acquazzone (m)	[akwat'tsone]
forte (chuva, etc.)	forte	['forte]
poça (f)	pozzanghera (f)	[pot'tsangera]
molhar-se (vr)	bagnarsi (vr)	[ba'ɲarsi]
nevoeiro (m)	foschia (f), nebbia (f)	[fos'kia], ['nebbia]
de nevoeiro	nebbioso	[neb'bjozo]
neve (f)	neve (f)	['neve]
está nevando	nevica	['nevika]

173. Tempo extremo. Catástrofes naturais

trovoada (f)	temporale (m)	[tempo'rale]
relâmpago (m)	fulmine (f)	['fulmine]
relampejar (vi)	lampeggiare (vi)	[lampe'dʒare]
trovão (m)	tuono (m)	[tu'ono]
trovejar (vi)	tuonare (vi)	[tuo'nare]
está trovejando	tuona	[tu'ona]
granizo (m)	grandine (f)	['grandine]
está caindo granizo	grandina	['grandina]
inundar (vt)	inondare (vt)	[inon'dare]
inundação (f)	inondazione (f)	[inonda'tsjone]
terremoto (m)	terremoto (m)	[terre'moto]
abalo, tremor (m)	scossa (f)	['skossa]
epicentro (m)	epicentro (m)	[epi'tʃentro]
erupção (f)	eruzione (f)	[eru'tsjone]
lava (f)	lava (f)	['lava]
tornado (m)	tromba (f) d'aria	['tromba 'daria]
tornado (m)	tornado (m)	[tor'nado]
tufão (m)	tifone (m)	[ti'fone]
furacão (m)	uragano (m)	[ura'gano]
tempestade (f)	tempesta (f)	[tem'pesta]
tsunami (m)	tsunami (m)	[tsu'nami]
ciclone (m)	ciclone (m)	[tʃi'klone]
mau tempo (m)	maltempo (m)	[mal'tempo]
incêndio (m)	incendio (m)	[in'tʃendio]
catástrofe (f)	disastro (m)	[di'zastro]
meteorito (m)	meteorite (m)	[meteo'rite]
avalanche (f)	valanga (f)	[va'langa]
deslizamento (m) de neve	slavina (f)	[zla'vina]
nevasca (f)	tempesta (f) di neve	[tem'pesta di 'neve]
tempestade (f) de neve	bufera (f) di neve	['bufera di 'neve]

Fauna

174. Mamíferos. Predadores

predador (m)	predatore (m)	[preda'tore]
tigre (m)	tigre (f)	['tigre]
leão (m)	leone (m)	[le'one]
lobo (m)	lupo (m)	['lupo]
raposa (f)	volpe (m)	['volpe]
jaguar (m)	giaguaro (m)	[dʒa'gwaro]
leopardo (m)	leopardo (m)	[leo'pardo]
chita (f)	ghepardo (m)	[ge'pardo]
pantera (f)	pantera (f)	[pan'tera]
puma (m)	puma (f)	['puma]
leopardo-das-neves (m)	leopardo (m) delle nevi	[leo'pardo 'delle 'nevi]
lince (m)	lince (f)	['lintʃe]
coiote (m)	coyote (m)	[ko'jote]
chacal (m)	sciacallo (m)	[ʃa'kallo]
hiena (f)	iena (f)	['jena]

175. Animais selvagens

animal (m)	animale (m)	[ani'male]
besta (f)	bestia (f)	['bestia]
esquilo (m)	scoiattolo (m)	[sko'jattolo]
ouriço (m)	riccio (m)	['ritʃo]
lebre (f)	lepre (f)	['lepre]
coelho (m)	coniglio (m)	[ko'niʎʎo]
texugo (m)	tasso (m)	['tasso]
guaxinim (m)	procione (f)	[pro'tʃone]
hamster (m)	criceto (m)	[kri'tʃeto]
marmota (f)	marmotta (f)	[mar'motta]
toupeira (f)	talpa (f)	['talpa]
rato (m)	topo (m)	['topo]
ratazana (f)	ratto (m)	['ratto]
morcego (m)	pipistrello (m)	[pipi'strello]
arminho (m)	ermellino (m)	[ermel'lino]
zibelina (f)	zibellino (m)	[dzibel'lino]
marta (f)	martora (f)	['martora]
doninha (f)	donnola (f)	['donnola]
visom (m)	visone (m)	[vi'zone]

castor (m)	castoro (m)	[kas'toro]
lontra (f)	lontra (f)	['lontra]

cavalo (m)	cavallo (m)	[ka'vallo]
alce (m)	alce (m)	['altʃe]
veado (m)	cervo (m)	['tʃervo]
camelo (m)	cammello (m)	[kam'mello]

bisão (m)	bisonte (m) americano	[bi'zonte ameri'kano]
auroque (m)	bisonte (m) europeo	[bi'zonte euro'peo]
búfalo (m)	bufalo (m)	['bufalo]

zebra (f)	zebra (f)	['dzebra]
antílope (m)	antilope (f)	[an'tilope]
corça (f)	capriolo (m)	[kapri'olo]
gamo (m)	daino (m)	['daino]
camurça (f)	camoscio (m)	[ka'moʃo]
javali (m)	cinghiale (m)	[tʃin'gjale]

baleia (f)	balena (f)	[ba'lena]
foca (f)	foca (f)	['foka]
morsa (f)	tricheco (m)	[tri'keko]
urso-marinho (m)	otaria (f)	[o'taria]
golfinho (m)	delfino (m)	[del'fino]

urso (m)	orso (m)	['orso]
urso (m) polar	orso (m) bianco	['orso 'bjanko]
panda (m)	panda (m)	['panda]

macaco (m)	scimmia (f)	['ʃimmia]
chimpanzé (m)	scimpanzè (m)	[ʃimpan'dze]
orangotango (m)	orango (m)	[o'rango]
gorila (m)	gorilla (m)	[go'rilla]
macaco (m)	macaco (m)	[ma'kako]
gibão (m)	gibbone (m)	[dʒib'bone]

elefante (m)	elefante (m)	[ele'fante]
rinoceronte (m)	rinoceronte (m)	[rinotʃe'ronte]
girafa (f)	giraffa (f)	[dʒi'raffa]
hipopótamo (m)	ippopotamo (m)	[ippo'potamo]

canguru (m)	canguro (m)	[kan'guro]
coala (m)	koala (m)	[ko'ala]

mangusto (m)	mangusta (f)	[man'gusta]
chinchila (f)	cincillà (f)	[tʃintʃil'la]
cangambá (f)	moffetta (f)	[mof'fetta]
porco-espinho (m)	istrice (m)	['istritʃe]

176. Animais domésticos

gata (f)	gatta (f)	['gatta]
gato (m) macho	gatto (m)	['gatto]
cão (m)	cane (m)	['kane]

cavalo (m)	cavallo (m)	[ka'vallo]
garanhão (m)	stallone (m)	[stal'lone]
égua (f)	giumenta (f)	[dʒu'menta]

vaca (f)	mucca (f)	['mukka]
touro (m)	toro (m)	['toro]
boi (m)	bue (m)	['bue]

ovelha (f)	pecora (f)	['pekora]
carneiro (m)	montone (m)	[mon'tone]
cabra (f)	capra (f)	['kapra]
bode (m)	caprone (m)	[kap'rone]

burro (m)	asino (m)	['azino]
mula (f)	mulo (m)	['mulo]

porco (m)	porco (m)	['porko]
leitão (m)	porcellino (m)	[portʃel'lino]
coelho (m)	coniglio (m)	[ko'niʎʎo]

galinha (f)	gallina (f)	[gal'lina]
galo (m)	gallo (m)	['gallo]

pata (f), pato (m)	anatra (f)	['anatra]
pato (m)	maschio (m) dell'anatra	['maskio dell 'anatra]
ganso (m)	oca (f)	['oka]

peru (m)	tacchino (m)	[tak'kino]
perua (f)	tacchina (f)	[tak'kina]

animais (m pl) domésticos	animali (m pl) domestici	[ani'mali do'mestitʃi]
domesticado (adj)	addomesticato	[addomesti'kato]
domesticar (vt)	addomesticare (vt)	[addomesti'kare]
criar (vt)	allevare (vt)	[alle'vare]

fazenda (f)	fattoria (f)	[fatto'ria]
aves (f pl) domésticas	pollame (m)	[pol'lame]
gado (m)	bestiame (m)	[bes'tjame]
rebanho (m), manada (f)	branco (m), mandria (f)	['branko], ['mandria]

estábulo (m)	scuderia (f)	[skude'ria]
chiqueiro (m)	porcile (m)	[por'tʃile]
estábulo (m)	stalla (f)	['stalla]
coelheira (f)	conigliera (f)	[koniʎ'ʎera]
galinheiro (m)	pollaio (m)	[pol'lajo]

177. Cães. Raças de cães

cão (m)	cane (m)	['kane]
cão pastor (m)	cane (m) da pastore	['kane da pas'tore]
pastor-alemão (m)	battaglia (f)	[bat'taʎʎa]
poodle (m)	barbone (m)	[bar'bone]
linguicinha (m)	bassotto (m)	[bas'sotto]
buldogue (m)	bulldog (m)	[bull'dog]

boxer (m)	boxer (m)	['bokser]
mastim (m)	mastino (m)	[ma'stino]
rottweiler (m)	rottweiler (m)	[rot'vajler]
dóberman (m)	dobermann (m)	[dober'mann]

basset (m)	bassotto (m)	[bas'sotto]
pastor inglês (m)	bobtail (m)	['bobtejl]
dálmata (m)	dalmata (m)	['dalmata]
cocker spaniel (m)	cocker (m)	['kokker]

| terra-nova (m) | terranova (m) | [terra'nova] |
| são-bernardo (m) | sanbernardo (m) | [sanber'nardo] |

husky (m) siberiano	husky (m)	['aski]
Chow-chow (m)	chow chow (m)	['tʃau 'tʃau]
spitz alemão (m)	volpino (m)	[vol'pino]
pug (m)	carlino (m)	[kar'lino]

178. Sons produzidos pelos animais

latido (m)	abbaiamento (m)	[abaja'mento]
latir (vi)	abbaiare (vi)	[abba'jare]
miar (vi)	miagolare (vi)	[mjago'lare]
ronronar (vi)	fare le fusa	['fare le 'fuza]

mugir (vaca)	muggire (vi)	[mu'dʒire]
bramir (touro)	muggire (vi)	[mu'dʒire]
rosnar (vi)	ringhiare (vi)	[rin'gjare]

uivo (m)	ululato (m)	[ulu'lato]
uivar (vi)	ululare (vi)	[ulu'lare]
ganir (vi)	guaire (vi)	[gwa'ire]

balir (vi)	belare (vi)	[be'lare]
grunhir (vi)	grugnire (vi)	[gru'ɲire]
guinchar (vi)	squittire (vi)	[skwit'tire]

coaxar (sapo)	gracidare (vi)	[gratʃi'dare]
zumbir (inseto)	ronzare (vi)	[ron'dzare]
ziziar (vi)	frinire (vi)	[fri'nire]

179. Pássaros

pássaro (m), ave (f)	uccello (m)	[u'tʃello]
pombo (m)	colombo (m), piccione (m)	[kolombo], [pi'tʃone]
pardal (m)	passero (m)	['passero]
chapim-real (m)	cincia (f)	['tʃintʃa]
pega-rabuda (f)	gazza (f)	['gattsa]

corvo (m)	corvo (m)	['korvo]
gralha-cinzenta (f)	cornacchia (f)	[kor'nakkia]
gralha-de-nuca-cinzenta (f)	taccola (f)	['takkola]

gralha-calva (f)	**corvo** (m) **nero**	['korvo 'nero]
pato (m)	**anatra** (f)	['anatra]
ganso (m)	**oca** (f)	['oka]
faisão (m)	**fagiano** (m)	[fa'dʒano]
águia (f)	**aquila** (f)	['akwila]
açor (m)	**astore** (m)	[a'store]
falcão (m)	**falco** (m)	['falko]
abutre (m)	**grifone** (m)	[gri'fone]
condor (m)	**condor** (m)	['kondor]
cisne (m)	**cigno** (m)	['tʃiɲo]
grou (m)	**gru** (f)	[gru]
cegonha (f)	**cicogna** (f)	[tʃi'koɲa]
papagaio (m)	**pappagallo** (m)	[pappa'gallo]
beija-flor (m)	**colibrì** (m)	[koli'bri]
pavão (m)	**pavone** (m)	[pa'vone]
avestruz (m)	**struzzo** (m)	['struttso]
garça (f)	**airone** (m)	[ai'rone]
flamingo (m)	**fenicottero** (m)	[feni'kottero]
pelicano (m)	**pellicano** (m)	[pelli'kano]
rouxinol (m)	**usignolo** (m)	[uzi'ɲolo]
andorinha (f)	**rondine** (f)	['rondine]
tordo-zornal (m)	**tordo** (m)	['tordo]
tordo-músico (m)	**tordo** (m) **sasello**	['tordo sa'zello]
melro-preto (m)	**merlo** (m)	['merlo]
andorinhão (m)	**rondone** (m)	[ron'done]
cotovia (f)	**allodola** (f)	[al'lodola]
codorna (f)	**quaglia** (f)	['kwaʎʎa]
pica-pau (m)	**picchio** (m)	['pikkio]
cuco (m)	**cuculo** (m)	['kukulo]
coruja (f)	**civetta** (f)	[tʃi'vetta]
bufo-real (m)	**gufo** (m) **reale**	['gufo re'ale]
tetraz-grande (m)	**urogallo** (m)	[uro'gallo]
tetraz-lira (m)	**fagiano** (m) **di monte**	[fa'dʒano di 'monte]
perdiz-cinzenta (f)	**pernice** (f)	[per'nitʃe]
estorninho (m)	**storno** (m)	['storno]
canário (m)	**canarino** (m)	[kana'rino]
galinha-do-mato (f)	**francolino** (m) **di monte**	[franko'lino di 'monte]
tentilhão (m)	**fringuello** (m)	[frin'gwello]
dom-fafe (m)	**ciuffolotto** (m)	[tʃuffo'lotto]
gaivota (f)	**gabbiano** (m)	[gab'bjano]
albatroz (m)	**albatro** (m)	['albatro]
pinguim (m)	**pinguino** (m)	[pin'gwino]

180. Pássaros. Canto e sons

cantar (vi)	**cantare** (vi)	[kan'tare]
gritar, chamar (vi)	**gridare** (vi)	[gri'dare]
cantar (o galo)	**cantare, chicchiriare**	[kan'tare], [kikki'rjare]
cocorocó (m)	**chicchirichì** (m)	[kikkiri'ki]
cacarejar (vi)	**chiocciare** (vi)	[kio'ʧare]
crocitar (vi)	**gracchiare** (vi)	[grak'kjare]
grasnar (vi)	**fare qua qua**	['fare kwa kwa]
piar (vi)	**pigolare** (vi)	[pigo'lare]
chilrear, gorjear (vi)	**cinguettare** (vi)	[ʧingwet'tare]

181. Peixes. Animais marinhos

brema (f)	**abramide** (f)	[a'bramide]
carpa (f)	**carpa** (f)	['karpa]
perca (f)	**perca** (f)	['perka]
siluro (m)	**pesce** (m) **gatto**	['peʃe 'gatto]
lúcio (m)	**luccio** (m)	['luʧo]
salmão (m)	**salmone** (m)	[sal'mone]
esturjão (m)	**storione** (m)	[sto'rjone]
arenque (m)	**aringa** (f)	[a'ringa]
salmão (m) do Atlântico	**salmone** (m)	[sal'mone]
cavala, sarda (f)	**scombro** (m)	['skombro]
solha (f), linguado (m)	**sogliola** (f)	['soʎʎoʎa]
lúcio perca (m)	**lucioperca** (f)	[luʧo'perka]
bacalhau (m)	**merluzzo** (m)	[mer'luttso]
atum (m)	**tonno** (m)	['tonno]
truta (f)	**trota** (f)	['trota]
enguia (f)	**anguilla** (f)	[an'gwilla]
raia (f) elétrica	**torpedine** (f)	[tor'pedine]
moreia (f)	**murena** (f)	[mu'rena]
piranha (f)	**piranha, piragna** (f)	[pi'rania]
tubarão (m)	**squalo** (m)	['skwalo]
golfinho (m)	**delfino** (m)	[del'fino]
baleia (f)	**balena** (f)	[ba'lena]
caranguejo (m)	**granchio** (m)	['graŋkio]
água-viva (f)	**medusa** (f)	[me'duza]
polvo (m)	**polpo** (m)	['polpo]
estrela-do-mar (f)	**stella** (f) **marina**	['stella ma'rina]
ouriço-do-mar (m)	**riccio** (m) **di mare**	['riʧo di 'mare]
cavalo-marinho (m)	**cavalluccio** (m) **marino**	[kaval'luʧo ma'rino]
ostra (f)	**ostrica** (f)	['ostrika]
camarão (m)	**gamberetto** (m)	[gambe'retto]

lagosta (f)	**astice** (m)	['astitʃe]
lagosta (f)	**aragosta** (f)	[ara'gosta]

182. Anfíbios. Répteis

cobra (f)	**serpente** (m)	[ser'pente]
venenoso (adj)	**velenoso**	[vele'nozo]

víbora (f)	**vipera** (f)	['vipera]
naja (f)	**cobra** (m)	['kobra]
píton (m)	**pitone** (m)	[pi'tone]
jiboia (f)	**boa** (m)	['boa]

cobra-de-água (f)	**biscia** (f)	['biʃa]
cascavel (f)	**serpente** (m) **a sonagli**	[ser'pente a so'naʎʎi]
anaconda (f)	**anaconda** (f)	[ana'konda]

lagarto (m)	**lucertola** (f)	[lu'tʃertola]
iguana (f)	**iguana** (f)	[i'gwana]
varano (m)	**varano** (m)	[va'rano]
salamandra (f)	**salamandra** (f)	[sala'mandra]
camaleão (m)	**camaleonte** (m)	[kamale'onte]
escorpião (m)	**scorpione** (m)	[skor'pjone]

tartaruga (f)	**tartaruga** (f)	[tarta'ruga]
rã (f)	**rana** (f)	['rana]
sapo (m)	**rospo** (m)	['rospo]
crocodilo (m)	**coccodrillo** (m)	[kokko'drillo]

183. Insetos

inseto (m)	**insetto** (m)	[in'setto]
borboleta (f)	**farfalla** (f)	[far'falla]
formiga (f)	**formica** (f)	[for'mika]
mosca (f)	**mosca** (f)	['moska]
mosquito (m)	**zanzara** (f)	[dzan'dzara]
escaravelho (m)	**scarabeo** (m)	[skara'beo]

vespa (f)	**vespa** (f)	['vespa]
abelha (f)	**ape** (f)	['ape]
mamangaba (f)	**bombo** (m)	['bombo]
moscardo (m)	**tafano** (m)	[ta'fano]

aranha (f)	**ragno** (m)	['raɲo]
teia (f) de aranha	**ragnatela** (f)	[raɲa'tela]

libélula (f)	**libellula** (f)	[li'bellula]
gafanhoto (m)	**cavalletta** (f)	[kaval'letta]
traça (f)	**farfalla** (f) **notturna**	[far'falla not'turna]

barata (f)	**scarafaggio** (m)	[skara'fadʒo]
carrapato (m)	**zecca** (f)	['tsekka]

pulga (f)	**pulce** (f)	['pulʧe]
borrachudo (m)	**moscerino** (m)	[moʃe'rino]
gafanhoto (m)	**locusta** (f)	[lo'kusta]
caracol (m)	**lumaca** (f)	[lu'maka]
grilo (m)	**grillo** (m)	['grillo]
pirilampo, vaga-lume (m)	**lucciola** (f)	['luʧola]
joaninha (f)	**coccinella** (f)	[koʧi'nella]
besouro (m)	**maggiolino** (m)	[madʒo'lino]
sanguessuga (f)	**sanguisuga** (f)	[sangwi'zuga]
lagarta (f)	**bruco** (m)	['bruko]
minhoca (f)	**verme** (m)	['verme]
larva (f)	**larva** (m)	['larva]

184. Animais. Partes do corpo

bico (m)	**becco** (m)	['bekko]
asas (f pl)	**ali** (f pl)	['ali]
pata (f)	**zampa** (f)	['dzampa]
plumagem (f)	**piumaggio** (m)	[pju'madʒo]
pena, pluma (f)	**penna** (f), **piuma** (f)	['penna], ['pjuma]
crista (f)	**cresta** (f)	['kresta]
brânquias, guelras (f pl)	**branchia** (f)	['brankia]
ovas (f pl)	**uova** (f pl)	[u'ova]
larva (f)	**larva** (f)	['larva]
barbatana (f)	**pinna** (f)	['pinna]
escama (f)	**squama** (f)	['skwama]
presa (f)	**zanna** (f)	['tzanna]
pata (f)	**zampa** (f)	['dzampa]
focinho (m)	**muso** (m)	['muzo]
boca (f)	**bocca** (f)	['bokka]
cauda (f), rabo (m)	**coda** (f)	['koda]
bigodes (m pl)	**baffi** (m pl)	['baffi]
casco (m)	**zoccolo** (m)	['dzokkolo]
corno (m)	**corno** (m)	['korno]
carapaça (f)	**carapace** (f)	[kara'paʧe]
concha (f)	**conchiglia** (f)	[kon'kiʎʎa]
casca (f) de ovo	**guscio** (m) **dell'uovo**	['guʃo dell u'ovo]
pelo (m)	**pelo** (m)	['pelo]
pele (f), couro (m)	**pelle** (f)	['pelle]

185. Animais. Habitats

hábitat (m)	**ambiente** (m) **naturale**	[am'bjente natu'rale]
migração (f)	**migrazione** (f)	[migra'tsjone]
montanha (f)	**monte** (m), **montagna** (f)	['monte], [mon'taɲa]

recife (m)	**scogliera** (f)	[skoʎˈʎera]
falésia (f)	**falesia** (f)	[faˈlezia]
floresta (f)	**foresta** (f)	[foˈresta]
selva (f)	**giungla** (f)	[ˈdʒungla]
savana (f)	**savana** (f)	[saˈvana]
tundra (f)	**tundra** (f)	[ˈtundra]
estepe (f)	**steppa** (f)	[ˈsteppa]
deserto (m)	**deserto** (m)	[deˈzerto]
oásis (m)	**oasi** (f)	[ˈoazi]
mar (m)	**mare** (m)	[ˈmare]
lago (m)	**lago** (m)	[ˈlago]
oceano (m)	**oceano** (m)	[oˈtʃeano]
pântano (m)	**palude** (f)	[paˈlude]
de água doce	**di acqua dolce**	[di ˈakwa ˈdoltʃe]
lagoa (f)	**stagno** (m)	[ˈstaɲo]
rio (m)	**fiume** (m)	[ˈfjume]
toca (f) do urso	**tana** (f)	[ˈtana]
ninho (m)	**nido** (m)	[ˈnido]
buraco (m) de árvore	**cavità** (f)	[kaviˈta]
toca (f)	**tana** (f)	[ˈtana]
formigueiro (m)	**formicaio** (m)	[formiˈkajo]

Flora

186. Árvores

árvore (f)	albero (m)	['albero]
decídua (adj)	deciduo	[de'tʃiduo]
conífera (adj)	conifero	[ko'nifero]
perene (adj)	sempreverde	[sempre'verde]
macieira (f)	melo (m)	['melo]
pereira (f)	pero (m)	['pero]
cerejeira (f)	ciliegio (m)	[tʃi'ljedʒo]
ginjeira (f)	amareno (m)	[ama'reno]
ameixeira (f)	prugno (m)	['pruɲo]
bétula (f)	betulla (f)	[be'tulla]
carvalho (m)	quercia (f)	['kwertʃa]
tília (f)	tiglio (m)	['tiʎʎo]
choupo-tremedor (m)	pioppo (m) tremolo	['pjoppo 'tremolo]
bordo (m)	acero (m)	['atʃero]
espruce (m)	abete (m)	[a'bete]
pinheiro (m)	pino (m)	['pino]
alerce, lariço (m)	larice (m)	['laritʃe]
abeto (m)	abete (m) bianco	[a'bete 'bjanko]
cedro (m)	cedro (m)	['tʃedro]
choupo, álamo (m)	pioppo (m)	['pjoppo]
tramazeira (f)	sorbo (m)	['sorbo]
salgueiro (m)	salice (m)	['salitʃe]
amieiro (m)	alno (m)	['alno]
faia (f)	faggio (m)	['fadʒo]
ulmeiro, olmo (m)	olmo (m)	['olmo]
freixo (m)	frassino (m)	['frassino]
castanheiro (m)	castagno (m)	[ka'staɲo]
magnólia (f)	magnolia (f)	[ma'ɲolia]
palmeira (f)	palma (f)	['palma]
cipreste (m)	cipresso (m)	[tʃi'presso]
mangue (m)	mangrovia (f)	[man'growia]
embondeiro, baobá (m)	baobab (m)	[bao'bab]
eucalipto (m)	eucalipto (m)	[ewka'lipto]
sequoia (f)	sequoia (f)	[se'kwoja]

187. Arbustos

arbusto (m)	cespuglio (m)	[tʃes'puʎʎo]
arbusto (m), moita (f)	arbusto (m)	[ar'busto]

videira (f)	vite (f)	['vite]
vinhedo (m)	vigneto (m)	[vi'ɲeto]
framboeseira (f)	lampone (m)	[lam'pone]
groselheira-vermelha (f)	ribes (m) rosso	['ribes 'rosso]
groselheira (f) espinhosa	uva (f) spina	['uva 'spina]
acácia (f)	acacia (f)	[a'katʃa]
bérberis (f)	crespino (m)	[kres'pino]
jasmim (m)	gelsomino (m)	[dʒelso'mino]
junípero (m)	ginepro (m)	[dʒi'nepro]
roseira (f)	roseto (m)	[ro'zeto]
roseira (f) brava	rosa (f) canina	['roza ka'nina]

188. Cogumelos

cogumelo (m)	fungo (m)	['fungo]
cogumelo (m) comestível	fungo (m) commestibile	['fungo komme'stibile]
cogumelo (m) venenoso	fungo (m) velenoso	['fungo vele'nozo]
chapéu (m)	cappello (m)	[kap'pello]
pé, caule (m)	gambo (m)	['gambo]
boleto, porcino (m)	porcino (m)	[por'tʃino]
boleto (m) alaranjado	boleto (m) rufo	[bo'leto 'rufo]
boleto (m) de bétula	porcinello (m)	[portʃi'nello]
cantarelo (m)	gallinaccio (m)	[galli'natʃo]
rússula (f)	rossola (f)	['rossola]
morchella (f)	spugnola (f)	['spuɲola]
agário-das-moscas (m)	ovolaccio (m)	[ovo'latʃo]
cicuta (f) verde	fungo (m) moscario	['fungo mos'kario]

189. Frutos. Bagas

fruta (f)	frutto (m)	['frutto]
frutas (f pl)	frutti (m pl)	['frutti]
maçã (f)	mela (f)	['mela]
pera (f)	pera (f)	['pera]
ameixa (f)	prugna (f)	['pruɲa]
morango (m)	fragola (f)	['fragola]
ginja (f)	amarena (f)	[ama'rena]
cereja (f)	ciliegia (f)	[tʃi'ljedʒa]
uva (f)	uva (f)	['uva]
framboesa (f)	lampone (m)	[lam'pone]
groselha (f) negra	ribes (m) nero	['ribes 'nero]
groselha (f) vermelha	ribes (m) rosso	['ribes 'rosso]
groselha (f) espinhosa	uva (f) spina	['uva 'spina]
oxicoco (m)	mirtillo (m) di palude	[mir'tillo di pa'lude]
laranja (f)	arancia (f)	[a'rantʃa]

tangerina (f)	**mandarino** (m)	[manda'rino]
abacaxi (m)	**ananas** (m)	[ana'nas]
banana (f)	**banana** (f)	[ba'nana]
tâmara (f)	**dattero** (m)	['dattero]

limão (m)	**limone** (m)	[li'mone]
damasco (m)	**albicocca** (f)	[albi'kokka]
pêssego (m)	**pesca** (f)	['peska]
quiuí (m)	**kiwi** (m)	['kiwi]
toranja (f)	**pompelmo** (m)	[pom'pelmo]

baga (f)	**bacca** (f)	['bakka]
bagas (f pl)	**bacche** (f pl)	['bakke]
arando (m) vermelho	**mirtillo** (m) **rosso**	[mir'tillo 'rosso]
morango-silvestre (m)	**fragola** (f) **di bosco**	['fragola di 'bosko]
mirtilo (m)	**mirtillo** (m)	[mir'tillo]

190. Flores. Plantas

flor (f)	**fiore** (m)	['fjore]
buquê (m) de flores	**mazzo** (m) **di fiori**	['mattso di 'fjori]

rosa (f)	**rosa** (f)	['roza]
tulipa (f)	**tulipano** (m)	[tuli'pano]
cravo (m)	**garofano** (m)	[ga'rofano]
gladíolo (m)	**gladiolo** (m)	[gla'djolo]

centáurea (f)	**fiordaliso** (m)	[fjorda'lizo]
campainha (f)	**campanella** (f)	[kampa'nella]
dente-de-leão (m)	**soffione** (m)	[sof'fjone]
camomila (f)	**camomilla** (f)	[kamo'milla]

aloé (m)	**aloe** (m)	['aloe]
cacto (m)	**cactus** (m)	['kaktus]
fícus (m)	**ficus** (m)	['fikus]

lírio (m)	**giglio** (m)	['ʤiʎʎo]
gerânio (m)	**geranio** (m)	[ʤe'ranio]
jacinto (m)	**giacinto** (m)	[ʤa'tʃinto]

mimosa (f)	**mimosa** (f)	[mi'moza]
narciso (m)	**narciso** (m)	[nar'tʃizo]
capuchinha (f)	**nasturzio** (m)	[na'sturtsio]

orquídea (f)	**orchidea** (f)	[orki'dea]
peônia (f)	**peonia** (f)	[pe'onia]
violeta (f)	**viola** (f)	[vi'ola]

amor-perfeito (m)	**viola** (f) **del pensiero**	[vi'ola del pen'sjero]
não-me-esqueças (m)	**nontiscordardimé** (m)	[non·ti·skordar·di'me]
margarida (f)	**margherita** (f)	[marge'rita]

papoula (f)	**papavero** (m)	[pa'pavero]
cânhamo (m)	**canapa** (f)	['kanapa]

hortelã, menta (f)	menta (f)	['menta]
lírio-do-vale (m)	mughetto (m)	[mu'getto]
campânula-branca (f)	bucaneve (m)	[buka'neve]

urtiga (f)	ortica (f)	[or'tika]
azedinha (f)	acetosa (f)	[atʃe'toza]
nenúfar (m)	ninfea (f)	[nin'fea]
samambaia (f)	felce (f)	['feltʃe]
líquen (m)	lichene (m)	[li'kene]

estufa (f)	serra (f)	['serra]
gramado (m)	prato (m) erboso	['prato er'bozo]
canteiro (m) de flores	aiuola (f)	[aju'ola]

planta (f)	pianta (f)	['pjanta]
grama (f)	erba (f)	['erba]
folha (f) de grama	filo (m) d'erba	['filo 'derba]

folha (f)	foglia (f)	['foʎʎa]
pétala (f)	petalo (m)	['petalo]
talo (m)	stelo (m)	['stelo]
tubérculo (m)	tubero (m)	['tubero]

broto, rebento (m)	germoglio (m)	[dʒer'moʎʎo]
espinho (m)	spina (f)	['spina]

florescer (vi)	fiorire (vi)	[fjo'rire]
murchar (vi)	appassire (vi)	[appas'sire]
cheiro (m)	odore (m), profumo (m)	[o'dore], [pro'fumo]
cortar (flores)	tagliare (vt)	[taʎ'ʎare]
colher (uma flor)	cogliere (vt)	['koʎʎere]

191. Cereais, grãos

grão (m)	grano (m)	['grano]
cereais (plantas)	cereali (m pl)	[tʃere'ali]
espiga (f)	spiga (f)	['spiga]

trigo (m)	frumento (m)	[fru'mento]
centeio (m)	segale (f)	['segale]
aveia (f)	avena (f)	[a'vena]

painço (m)	miglio (m)	['miʎʎo]
cevada (f)	orzo (m)	['ortso]

milho (m)	mais (m)	['mais]
arroz (m)	riso (m)	['rizo]
trigo-sarraceno (m)	grano (m) saraceno	['grano sara'tʃeno]

ervilha (f)	pisello (m)	[pi'zello]
feijão (m) roxo	fagiolo (m)	[fa'dʒolo]
soja (f)	soia (f)	['soja]
lentilha (f)	lenticchie (f pl)	[len'tikkje]
feijão (m)	fave (f pl)	['fave]

GEOGRAFIA REGIONAL

Países. Nacionalidades

192. Política. Governo. Parte 1

política (f)	**politica** (f)	[po'litika]
político (adj)	**politico** (agg)	[po'litiko]
político (m)	**politico** (m)	[po'litiko]
estado (m)	**stato** (m)	['stato]
cidadão (m)	**cittadino** (m)	[tʃitta'dino]
cidadania (f)	**cittadinanza** (f)	[tʃittadi'nantsa]
brasão (m) de armas	**emblema** (m) **nazionale**	[em'blema natsjo'nale]
hino (m) nacional	**inno** (m) **nazionale**	['inno natsjo'nale]
governo (m)	**governo** (m)	[go'verno]
Chefe (m) de Estado	**capo** (m) **di Stato**	['kapo di 'stato]
parlamento (m)	**parlamento** (m)	[parla'mento]
partido (m)	**partito** (m)	[par'tito]
capitalismo (m)	**capitalismo** (m)	[kapita'lizmo]
capitalista (adj)	**capitalistico**	[kapita'listiko]
socialismo (m)	**socialismo** (m)	[sotʃia'lizmo]
socialista (adj)	**socialista**	[sotʃia'lista]
comunismo (m)	**comunismo** (m)	[komu'nizmo]
comunista (adj)	**comunista**	[komu'nista]
comunista (m)	**comunista** (m)	[komu'nista]
democracia (f)	**democrazia** (f)	[demokra'tsia]
democrata (m)	**democratico** (m)	[demo'kratiko]
democrático (adj)	**democratico**	[demo'kratiko]
Partido (m) Democrático	**partito** (m) **democratico**	[par'tito demo'kratiko]
liberal (m)	**liberale** (m)	[libe'rale]
liberal (adj)	**liberale** (agg)	[libe'rale]
conservador (m)	**conservatore** (m)	[konserva'tore]
conservador (adj)	**conservatore** (agg)	[konserva'tore]
república (f)	**repubblica** (f)	[re'pubblika]
republicano (m)	**repubblicano** (m)	[repubbli'kano]
Partido (m) Republicano	**partito** (m) **repubblicano**	[par'tito repubbli'kano]
eleições (f pl)	**elezioni** (f pl)	[ele'tsjoni]
eleger (vt)	**eleggere** (vt)	[e'ledʒere]

eleitor (m)	**elettore** (m)	[elet'tore]
campanha (f) eleitoral	**campagna** (f) **elettorale**	[kam'paɲa eletto'rale]
votação (f)	**votazione** (f)	[vota'tsjone]
votar (vi)	**votare** (vi)	[vo'tare]
sufrágio (m)	**diritto** (m) **di voto**	[di'ritto di 'voto]
candidato (m)	**candidato** (m)	[kandi'dato]
candidatar-se (vi)	**candidarsi** (vr)	[kandi'darsi]
campanha (f)	**campagna** (f)	[kam'paɲa]
da oposição	**d'opposizione**	[doppozi'tsjone]
oposição (f)	**opposizione** (f)	[oppozi'tsjone]
visita (f)	**visita** (f)	['vizita]
visita (f) oficial	**visita** (f) **ufficiale**	['vizita uffi'ʧale]
internacional (adj)	**internazionale**	[internatsjo'nale]
negociações (f pl)	**trattative** (f pl)	[tratta'tive]
negociar (vi)	**negoziare** (vi)	[nego'tsjare]

193. Política. Governo. Parte 2

sociedade (f)	**società** (f)	[soʧie'ta]
constituição (f)	**costituzione** (f)	[kostitu'tsjone]
poder (ir para o ~)	**potere** (m)	[po'tere]
corrupção (f)	**corruzione** (f)	[korru'tsjone]
lei (f)	**legge** (f)	['ledʒe]
legal (adj)	**legittimo**	[le'dʒittimo]
justeza (f)	**giustizia** (f)	[dʒu'stitsia]
justo (adj)	**giusto**	['dʒusto]
comitê (m)	**comitato** (m)	[komi'tato]
projeto-lei (m)	**disegno** (m) **di legge**	[di'zeɲo di 'ledʒe]
orçamento (m)	**bilancio** (m)	[bi'lanʧo]
política (f)	**politica** (f)	[po'litika]
reforma (f)	**riforma** (f)	[ri'forma]
radical (adj)	**radicale**	[radi'kale]
força (f)	**forza** (f), **potenza** (f)	['fortsa], [po'tentsa]
poderoso (adj)	**potente**	[po'tente]
partidário (m)	**sostenitore** (m)	[sosteni'tore]
influência (f)	**influenza** (f)	[influ'entsa]
regime (m)	**regime** (m)	[re'dʒime]
conflito (m)	**conflitto** (m)	[kon'flitto]
conspiração (f)	**complotto** (m)	[kom'plotto]
provocação (f)	**provocazione** (f)	[provoka'tsjone]
derrubar (vt)	**rovesciare** (vt)	[rove'ʃare]
derrube (m), queda (f)	**rovesciamento** (m)	[roveʃa'mento]
revolução (f)	**rivoluzione** (f)	[rivolu'tsjone]

| golpe (m) de Estado | colpo (m) di Stato | ['kolpo di 'stato] |
| golpe (m) militar | golpe (m) militare | ['golpe mili'tare] |

crise (f)	crisi (f)	['krizi]
recessão (f) econômica	recessione (f) economica	[ret∫es'sjone eko'nomika]
manifestante (m)	manifestante (m)	[manife'stante]
manifestação (f)	manifestazione (f)	[manifesta'tsjone]
lei (f) marcial	legge (f) marziale	['ledʒe mar'tsjale]
base (f) militar	base (f) militare	['baze mili'tare]

| estabilidade (f) | stabilità (f) | [stabili'ta] |
| estável (adj) | stabile | ['stabile] |

| exploração (f) | sfruttamento (m) | [sfrutta'mento] |
| explorar (vt) | sfruttare (vt) | [sfrut'tare] |

racismo (m)	razzismo (m)	[rat'tsizmo]
racista (m)	razzista (m)	[rat'tsista]
fascismo (m)	fascismo (m)	[fa'∫izmo]
fascista (m)	fascista (m)	[fa'∫ista]

194. Países. Diversos

estrangeiro (m)	straniero (m)	[stra'njero]
estrangeiro (adj)	straniero (agg)	[stra'njero]
no estrangeiro	all'estero	[all 'estero]

emigrante (m)	emigrato (m)	[emi'grato]
emigração (f)	emigrazione (f)	[emigra'tsjone]
emigrar (vi)	emigrare (vi)	[emi'grare]

Ocidente (m)	Ovest (m)	['ovest]
Oriente (m)	Est (m)	[est]
Extremo Oriente (m)	Estremo Oriente (m)	[e'stremo o'rjente]

civilização (f)	civiltà (f)	[t∫ivil'ta]
humanidade (f)	umanità (f)	[umani'ta]
mundo (m)	mondo (m)	['mondo]
paz (f)	pace (f)	['pat∫e]
mundial (adj)	mondiale	[mon'djale]

pátria (f)	patria (f)	['patria]
povo (população)	popolo (m)	['popolo]
população (f)	popolazione (f)	[popola'tsjone]
gente (f)	gente (f)	['dʒente]
nação (f)	nazione (f)	[na'tsjone]
geração (f)	generazione (f)	[dʒenera'tsjone]

território (m)	territorio (m)	[terri'torio]
região (f)	regione (f)	[re'dʒone]
estado (m)	stato (m)	['stato]

| tradição (f) | tradizione (f) | [tradi'tsjone] |
| costume (m) | costume (m) | [ko'stume] |

ecologia (f)	ecologia (f)	[ekolo'dʒia]
índio (m)	indiano (m)	[indi'ano]
cigano (m)	zingaro (m)	['tsingaro]
cigana (f)	zingara (f)	['tsingara]
cigano (adj)	di zingaro	[di 'tsingaro]

império (m)	impero (m)	[im'pero]
colônia (f)	colonia (f)	[ko'lonia]
escravidão (f)	schiavitù (f)	[skjavi'tu]
invasão (f)	invasione (f)	[inva'zjone]
fome (f)	carestia (f)	[kare'stia]

195. Grupos religiosos mais importantes. Confissões

religião (f)	religione (f)	[reli'dʒone]
religioso (adj)	religioso	[reli'dʒozo]

crença (f)	fede (f)	['fede]
crer (vt)	credere (vi)	['kredere]
crente (m)	credente (m)	[kre'dente]

ateísmo (m)	ateismo (m)	[ate'izmo]
ateu (m)	ateo (m)	['ateo]

cristianismo (m)	cristianesimo (m)	[kristja'nezimo]
cristão (m)	cristiano (m)	[kri'stjano]
cristão (adj)	cristiano (agg)	[kri'stjano]

catolicismo (m)	Cattolicesimo (m)	[kattoli'tʃezimo]
católico (m)	cattolico (m)	[kat'toliko]
católico (adj)	cattolico (agg)	[kat'toliko]

protestantismo (m)	Protestantesimo (m)	[protestan'tesimo]
Igreja (f) Protestante	Chiesa (f) protestante	['kjeza protes'tante]
protestante (m)	protestante (m)	[prote'stante]

ortodoxia (f)	Ortodossia (f)	[ortodos'sia]
Igreja (f) Ortodoxa	Chiesa (f) ortodossa	['kjeza orto'dossa]
ortodoxo (m)	ortodosso (m)	[orto'dosso]

presbiterianismo (m)	Presbiterianesimo (m)	[presbiterja'nezimo]
Igreja (f) Presbiteriana	Chiesa (f) presbiteriana	['kjeza presbite'rjana]
presbiteriano (m)	presbiteriano (m)	[presbite'rjano]

luteranismo (m)	Luteranesimo (m)	[lutera'nezimo]
luterano (m)	luterano (m)	[lute'rano]

Igreja (f) Batista	confessione (f) battista	[konfes'sjone bat'tista]
batista (m)	battista (m)	[bat'tista]

Igreja (f) Anglicana	Chiesa (f) anglicana	['kjeza angli'kana]
anglicano (m)	anglicano (m)	[angli'kano]
mormonismo (m)	Mormonismo (m)	[mormo'nizmo]
mórmon (m)	mormone (m)	[mor'mone]

| Judaísmo (m) | giudaismo (m) | [dʒuda'izmo] |
| judeu (m) | ebreo (m) | [e'breo] |

| budismo (m) | buddismo (m) | [bud'dizmo] |
| budista (m) | buddista (m) | [bud'dista] |

| hinduísmo (m) | Induismo (m) | [indu'izmo] |
| hindu (m) | induista (m) | [indu'ista] |

Islã (m)	Islam (m)	['izlam]
muçulmano (m)	musulmano (m)	[musul'mano]
muçulmano (adj)	musulmano	[musul'mano]

| xiismo (m) | sciismo (m) | [ʃi'izmo] |
| xiita (m) | sciita (m) | [ʃi'ita] |

| sunismo (m) | sunnismo (m) | [sun'nizmo] |
| sunita (m) | sunnita (m) | [sun'nita] |

196. Religiões. Padres

| padre (m) | prete (m) | ['prete] |
| Papa (m) | Papa (m) | ['papa] |

monge (m)	monaco (m)	['monako]
freira (f)	monaca (f)	['monaka]
pastor (m)	pastore (m)	[pa'store]

abade (m)	abate (m)	[a'bate]
vigário (m)	vicario (m)	[vi'kario]
bispo (m)	vescovo (m)	['veskovo]
cardeal (m)	cardinale (m)	[kardi'nale]

pregador (m)	predicatore (m)	[predika'tore]
sermão (m)	predica (f)	['predika]
paroquianos (pl)	parrocchiani (m)	[parrok'kjani]

| crente (m) | credente (m) | [kre'dente] |
| ateu (m) | ateo (m) | ['ateo] |

197. Fé. Cristianismo. Islão

| Adão | Adamo | [a'damo] |
| Eva | Eva | ['eva] |

Deus (m)	Dio (m)	['dio]
Senhor (m)	Signore (m)	[si'ɲore]
Todo Poderoso (m)	Onnipotente (m)	[onnipo'tente]

pecado (m)	peccato (m)	[pek'kato]
pecar (vi)	peccare (vi)	[pek'kare]
pecador (m)	peccatore (m)	[pekka'tore]

pecadora (f)	**peccatrice** (f)	[pekka'tritʃe]
inferno (m)	**inferno** (m)	[in'ferno]
paraíso (m)	**paradiso** (m)	[para'dizo]
Jesus	**Gesù**	[dʒe'su]
Jesus Cristo	**Gesù Cristo**	[dʒe'su 'kristo]
Espírito (m) Santo	**Spirito** (m) **Santo**	['spirito 'santo]
Salvador (m)	**Salvatore** (m)	[salva'tore]
Virgem Maria (f)	**Madonna**	[ma'donna]
Diabo (m)	**Diavolo** (m)	['djavolo]
diabólico (adj)	**del diavolo**	[del 'djavolo]
Satanás (m)	**Satana** (m)	['satana]
satânico (adj)	**satanico**	[sa'taniko]
anjo (m)	**angelo** (m)	['andʒelo]
anjo (m) da guarda	**angelo** (m) **custode**	['andʒelo kus'tode]
angelical	**angelico**	[an'dʒeliko]
apóstolo (m)	**apostolo** (m)	[a'postolo]
arcanjo (m)	**arcangelo** (m)	[ar'kandʒelo]
anticristo (m)	**Anticristo** (m)	[anti'kristo]
Igreja (f)	**Chiesa** (f)	['kjeza]
Bíblia (f)	**Bibbia** (f)	['bibbia]
bíblico (adj)	**biblico**	['bibliko]
Velho Testamento (m)	**Vecchio Testamento** (m)	['vekkio testa'mento]
Novo Testamento (m)	**Nuovo Testamento** (m)	[nu'ovo testa'mento]
Evangelho (m)	**Vangelo** (m)	[van'dʒelo]
Sagradas Escrituras (f pl)	**Sacra Scrittura** (f)	['sakra skrit'tura]
Céu (sete céus)	**Il Regno dei Cieli**	[il 'reɲo dei 'tʃeli]
mandamento (m)	**comandamento** (m)	[komanda'mento]
profeta (m)	**profeta** (m)	[pro'feta]
profecia (f)	**profezia** (f)	[profe'tsia]
Alá (m)	**Allah**	[al'la]
Maomé (m)	**Maometto**	[mao'meto]
Alcorão (m)	**Corano** (m)	[ko'rano]
mesquita (f)	**moschea** (f)	[mos'kea]
mulá (m)	**mullah** (m)	[mul'la]
oração (f)	**preghiera** (f)	[pre'gjera]
rezar, orar (vi)	**pregare** (vi, vt)	[pre'gare]
peregrinação (f)	**pellegrinaggio** (m)	[pellegri'nadʒo]
peregrino (m)	**pellegrino** (m)	[pelle'grino]
Meca (f)	**La Mecca** (f)	[la 'mekka]
igreja (f)	**chiesa** (f)	['kjeza]
templo (m)	**tempio** (m)	['tempjo]
catedral (f)	**cattedrale** (f)	[katte'drale]
gótico (adj)	**gotico**	['gotiko]
sinagoga (f)	**sinagoga** (f)	[sina'goga]

mesquita (f)	**moschea** (f)	[mos'kea]
capela (f)	**cappella** (f)	[kap'pella]
abadia (f)	**abbazia** (f)	[abba'tsia]
convento (m)	**convento** (m) **di suore**	[kon'vento di su'ore]
monastério (m)	**monastero** (m)	[mona'stero]
sino (m)	**campana** (f)	[kam'pana]
campanário (m)	**campanile** (m)	[kampa'nile]
repicar (vi)	**suonare** (vi)	[suo'nare]
cruz (f)	**croce** (f)	['krotʃe]
cúpula (f)	**cupola** (f)	['kupola]
ícone (m)	**icona** (f)	[i'kona]
alma (f)	**anima** (f)	['anima]
destino (m)	**destino** (m), **sorte** (f)	[de'stino], ['sorte]
mal (m)	**male** (m)	['male]
bem (m)	**bene** (m)	['bene]
vampiro (m)	**vampiro** (m)	[vam'piro]
bruxa (f)	**strega** (f)	['strega]
demônio (m)	**demone** (m)	['demone]
espírito (m)	**spirito** (m)	['spirito]
redenção (f)	**redenzione** (f)	[reden'tsjone]
redimir (vt)	**redimere** (vt)	[re'dimere]
missa (f)	**messa** (f)	['messa]
celebrar a missa	**dire la messa**	['dire la 'messa]
confissão (f)	**confessione** (f)	[konfes'sjone]
confessar-se (vr)	**confessarsi** (vr)	[konfes'sarsi]
santo (m)	**santo** (m)	['santo]
sagrado (adj)	**sacro**	['sakro]
água (f) benta	**acqua** (f) **santa**	['akwa 'santa]
ritual (m)	**rito** (m)	['rito]
ritual (adj)	**rituale**	[ritu'ale]
sacrifício (m)	**sacrificio** (m)	[sakri'fitʃo]
superstição (f)	**superstizione** (f)	[supersti'tsjone]
supersticioso (adj)	**superstizioso**	[supersti'tsjozo]
vida (f) após a morte	**vita** (f) **dell'oltretomba**	['vita dell oltre'tomba]
vida (f) eterna	**vita** (f) **eterna**	['vita e'terna]

TEMAS DIVERSOS

198. Várias palavras úteis

ajuda (f)	aiuto (m)	[a'juto]
barreira (f)	barriera (f)	[bar'rjera]
base (f)	base (f)	['baze]
categoria (f)	categoria (f)	[katego'ria]
causa (f)	causa (f)	['kauza]
coincidência (f)	coincidenza (f)	[kojntʃi'dentsa]
coisa (f)	cosa (f)	['koza]
começo, início (m)	inizio (m)	[i'nitsio]
cômodo (ex. poltrona ~a)	comodo	['komodo]
comparação (f)	confronto (m)	[kon'fronto]
compensação (f)	compenso (m)	[kom'penso]
crescimento (m)	crescita (f)	['kreʃita]
desenvolvimento (m)	sviluppo (m)	[zvi'luppo]
diferença (f)	differenza (f)	[diffe'rentsa]
efeito (m)	effetto (m)	[ef'fetto]
elemento (m)	elemento (m)	[ele'mento]
equilíbrio (m)	bilancio (m)	[bi'lantʃo]
erro (m)	errore (m)	[er'rore]
esforço (m)	sforzo (m)	['sfortso]
estilo (m)	stile (m)	['stile]
exemplo (m)	esempio (m)	[e'zempjo]
fato (m)	fatto (m)	['fatto]
fim (m)	termine (m)	['termine]
forma (f)	forma (f)	['forma]
frequente (adj)	frequente	[fre'kwente]
fundo (ex. ~ verde)	sfondo (m)	['sfondo]
gênero (tipo)	genere (m)	['dʒenere]
grau (m)	grado (m)	['grado]
ideal (m)	ideale (m)	[ide'ale]
labirinto (m)	labirinto (m)	[labi'rinto]
modo (m)	modo (m)	['modo]
momento (m)	momento (m)	[mo'mento]
objeto (m)	oggetto (m)	[o'dʒetto]
obstáculo (m)	ostacolo (m)	[os'takolo]
original (m)	originale (m)	[oridʒi'nale]
padrão (adj)	standard	['standar]
padrão (m)	standard (m)	['standar]
paragem (pausa)	pausa (f)	['pauza]
parte (f)	parte (f)	['parte]

partícula (f)	**particella** (f)	[parti'tʃella]
pausa (f)	**pausa** (f)	['pauza]
posição (f)	**posizione** (f)	[pozi'tsjone]
princípio (m)	**principio** (m)	[prin'tʃipjo]
problema (m)	**problema** (m)	[pro'blema]
processo (m)	**processo** (m)	[pro'tʃesso]
progresso (m)	**progresso** (m)	[pro'gresso]
propriedade (qualidade)	**proprietà** (f)	[proprie'ta]
reação (f)	**reazione** (f)	[rea'tsjone]
risco (m)	**rischio** (m)	['riskio]
ritmo (m)	**ritmo** (m)	['ritmo]
segredo (m)	**segreto** (m)	[se'greto]
série (f)	**serie** (f)	['serie]
sistema (m)	**sistema** (m)	[si'stema]
situação (f)	**situazione** (f)	[situa'tsjone]
solução (f)	**soluzione** (f)	[solu'tsjone]
tabela (f)	**tabella** (f)	[ta'bella]
termo (ex. ~ técnico)	**termine** (m)	['termine]
tipo (m)	**tipo** (m)	['tipo]
urgente (adj)	**urgente**	[ur'dʒente]
urgentemente	**urgentemente**	[urdʒente'mente]
utilidade (f)	**utilità** (f)	[utili'ta]
variante (f)	**variante** (f)	[vari'ante]
variedade (f)	**scelta** (f)	['ʃelta]
verdade (f)	**verità** (f)	[veri'ta]
vez (f)	**turno** (m)	['turno]
zona (f)	**zona** (f)	['dzona]

9 781787 673281